Zeit für Safari

Die Tierparadiese Afrikas entdecken und genießen

Christian Heeb · Astrid Därr · Roland F. Karl

BRUCKMANN

Inhalt

1 *Elephant crossing.* **2** Rock-Lodge-Art. **3** Büffel im Ulusaba Private Game Reserve von Sir Richard Branson, Südafrika. **4** Protea, Südafrikas Nartionalblume. **5** Safari aus verschiedenen Perspektiven, zum Beispiel im Wasser mit dem Kanu.

»Wir hatten unser Lager unter einem Dawibbaum mit langen, zitternden, feinen Blättern, die sich im Nachtwind hin und her wiegten«, schrieb Margarete v. Eckenbrecher in ihren Erfahrungsbericht *Was Afrika mir gab und nahm.* »Das Feuer prasselte und knisterte. Tiefe Stille herrschte, und doch schien die Nacht lebendig mit ihren tausend Stimmen. Eulen, Fledermäuse und anderes Nachtgevögel flatterten auf, und ganz aus der Ferne erklang das Bellen der Schakale.« Das war um 1900.

Wie damals stellt sich auch heute schnell die Poesie ein, wenn sich Sabi Sands Wilderness vor dem Beschauer ausbreitet, und die Sonne sinkt. Wer sich Stunden später auf einer Nachtsafari befindet und den geheimnisvollen Geräuschen der finsteren Wildnis lange genug gelauscht hat, den wird der erste Lichterschein seines Camps im Dunkel des afrikanischen Buschs die Seele erwärmen.

Treehouse Suite der Safari Lodge im
Ulusaba Private Game Reserve von Sir Richard Branson.

Gepard mit den charakteristischen Tränenstreifen in der Gesichtszeichnung.

Der Traum von Afrika
Die Hüter des heiligen Krals

Kaum jemand hat die Sehnsucht nach afrikanischen Savannen, exotischen Wildtieren und romantischen Safari-Camps so entfacht wie der Frankfurter Zoodirektor und Tierforscher Professor Bernhard Grzimek. In sandfarbenen Landrovern und zebragestreiften Einmotorigen war der weltberühmte Zoologe vor einem halben Jahrhundert medienwirksam in der Wildnis unterwegs, um sie für uns zu retten. Sein unvergessener Appell an die Welt: »Die Serengeti darf nicht sterben!« In zahlreichen Büchern, Fernsehsendungen und Filmen befeuerte der Gründer der Zoologischen Gesellschaft Frankfurt in einer zuvor nie da gewesenen Natur- und Wildschutzkampagne die Angst vor dem Untergang der afrikanischen Tierwelt. Vor ihm hatte sich schon ein anderer um Afrika verdient gemacht, allerdings mit geladener Büchse: Ernest Hemingway, Vater der amerikanischen Kurzgeschichte, Kriegsberichterstatter und überzeugter Großwildjäger. Der US-amerikanische Bestsellerautor schrieb sich mit seinem autobiografischen Werk *Die grünen Hügel Afrikas* (1935) sowie der Erzählung *Schnee auf dem Kilimandscharo* (1936) millionenfach in die Herzen afrikahungriger Leser. Und setzte so die tierreichen Savannen Ostafrikas international in den Fokus. Dem Pulitzer- und Nobelpreisträger war es zu danken, dass afrikanische Naturschätze wie der 5895 Meter hohe Kilimandscharo als Schnee- und Eiswunder mitten im hitzebrütenden Busch jedem Schulkind bekannt wurden, lange bevor Hochglanzmagazine wie *GEO* und *National Geographic* ihr Publikum fanden. Als Hemingway 1934 mit einem gewissen Baron Bror von Blixen-Finecke in Kenia auf Großwildjagd ging, bahnte sich für seine geliebten Savannenlandschaften ein noch viel großartigerer Werbefeldzug an: Die Dänin Karen Christence von Blixen-Finecke war die Ehefrau des Barons und sollte unter dem Pseudonym Tania Blixen den Bestseller *Jenseits von Afrika* auf den Markt der Sehnsüchte bringen, der 1985 mit Klaus Maria Brandauer, Robert Redford und Meryl Streep in den Hauptrollen verfilmt wurde. Unvergessen sind bis heute die Szenen, die sich zwischen Zeltplanen, Klappstühlen, lodernden Lagerfeuern und Gläsern mit perlendem Champagner abspielten, mit Blick auf krokodilbesetzte Seeufer, rosa schimmernde Flamingoscharen und planschende Flusspferde.

Nun sollten romantische Bilder der Art nicht darüber hinwegtäuschen, dass sich die Großwildtiere bereits zu dem Zeitpunkt in einem profitablen Vermarktungszustand befanden. Dass jährlich Millionen Besucher aus aller Welt einflogen, um auf Kameralänge an Giraffen, Zebras, Gorillas, Schimpansen und dahinziehende Gnuherden zu kommen. Zahlreiche Fernsehserien wie *Daktari* und Filmproduktionen wie *Die weiße Massai* von Corinne Hofmann oder *Der ewige Gärtner* von John le Carré haben schließlich die halbe Welt auf die Suche nach den *big five* gebracht. Blixens Kinoversion *Out of Africa*, so der Originaltitel, darin besteht kein Zweifel, wurde zu einem außerordentlichen Image-Erfolg für die gesamte afrikanische Safari-Industrie.

Industrie? Aber ja doch. Reisemultis wie Spezialveranstalter, Linienflug- und Chartergesellschaften, gastronomische Großunternehmen, die in Sachen *wildlife* grenzübergreifend operieren, sowie Transport- und Logistikfirmen – unermesslich riesig stellt sich der Markt dar, der sich um afrikanische Wildtiere dreht. Glücklicherweise ist der Begriff »Safari« heutzutage nicht mehr mit dem Abschuss von Tieren, sondern vielmehr mit deren Erhalt verbunden. Wobei Safari-Lodges und -Camps im ökonomischen Kreislauf der Wildnis das letzte Glied stellen, untrennbar verbunden mit ihren wilden Statisten – und deren Schutz.

Längst hat sich auch bei Tierschützern die Einsicht verfestigt, dass sich der Lebensraum afrikanischer Wildtiere angesichts wachsender Bevölkerungszahlen bei den Menschen und einer unvermeidlich immer größer werdenden Zersiedelung im Kampf ums Territorium nur unter marktwirtschaftlichen Gesichtspunkten absichern lässt. Dazu gehört der Aufkauf unrentablen Farmlands und dessen Renaturierung zu neuer (alter) Wildnis ebenso wie die Aufzucht und der An- und Verkauf von Büffeln, Nashörnern und Giraffen, das Errichten und Betreiben von Lodges, und manchmal eben auch gewinnbringende Abschusslizenzen. Wildschutzgebiete sind kostenintensive Großbetriebe: Personal, vom Zimmermädchen bis zum diplomierten *game ranger,* will bezahlt sein, zudem stehen Dienste von Tierärzten, Hubschrauberpiloten und Culling-Teams auf der Ausgabenliste, Tiertransporte, safaritaugliche Geländefahrzeuge sowie eine aufwendig zu schaffende und zu unterhaltende Infrastruktur aus Straßen, Landepisten, Strom, Wasser und Kommunikation. Ganz zu schweigen von Hunderten Kilometer stabiler Schutzzäune. Der kalt anmutende Handel mit Wildtieren auf den zahlreich zwischen Nairobi und Kapstadt stattfindenden Tierauktio-

nen macht überhaupt erst möglich, bestimmte Arten in Regionen wieder ansiedeln zu können, wo sie bereits ausgerottet waren. Was gut für die Wildnis ist, die sich so aufs Neue erfindet.

Anfang des dritten Jahrtausends präsentiert die sich ohnehin sehr modern und global, Handys, Internet und E-Mail mitten im afrikanischen Busch inklusive. Dass Besucher in Nairobi prominenten Weltbürgern begegnen, ist längst normal. Vielleicht Harry Belafonte, der sich als UN-Sonderbotschafter einen Überblick über das Wohlbefinden kenianischer Kinder verschafft, oder dem

1 Fotosafari im Ulusaba Private Game Reserve. 2 Romantisches Busch-Dinner in Jaci's Tree Lodge, Madikwe Game Reserve. 3 Basotho-Frau mit Baby bei Semonkong, Lesotho. 4 Perfekter Service in der Tsala Treetop Lodge, Ulusaba Private Game Reserve. 5 Fly-in-Safari im Namib Rand Nature Reserve.

Schauspieler Sidede Onyulo aus *Nirgendwo in Afrika* (verfilmt nach dem gleichnamigen Roman von Stefanie Zweig), der im Edelrestaurant *Carnivore* gerade auf Holzkohle geröstete Häppchen von Büffel, Antilope und Krokodil verspeist. Auf der Fahrt in die

1

2

3

hochhausglitzernde City wird sich das Taxi virtuos durch Lücken im stockenden Blech vorwärtsbugsieren, denn wenn *lunchtime* ist in der kenianischen Metropole, bewegt sich alles oder eben fast nichts. Aber man muss hin, ins legendäre »Thorn-Tree-Café next« zum kolonialen Stanley Hotel, das inzwischen über 100 Jahre alt ist. Um zu begreifen. Und genau dort einen Kaffee trinken, wo Papa Hemingway gern seinen *kenya coffee* schlürfte, den starken. Für Männer. Und sicher hatte der dabei seine doppelläufige Flinte schussbereit auf den Knien. Nur eine Flugstunde entfernt liegt im Nirgendwo endloser Savannen Loisaba, das private Schutzgebiet des italienischen Stahlmagnaten Graf Carlo Ancilotto aus Treviso. Es ist halb so groß wie der Bodensee. Wie ein Adlernest ruht die Luxuslodge auf einem Hügel. Pech für den Grafen: Als der 1976 auf seiner frisch erstandenen Besitzung zur Großwildjagd blasen ließ, wurde *game hunting* von der kenianischen Regierung gerade verboten. Was tun, wenn man ein Vermögen in Wildnis investiert hat? Heute reisen Gäste, die über 400 Dollar pro Tag als gut angelegt sehen, gerne zur Fotopirsch an. Eine solche Entwicklung, dass nämlich die Jagd auf Wildtiere verboten oder auf wenige Ausnahmen beschränkt ist und bereits selten gewordene Exemplare wie das Spitzmaulnashorn vor dem Aussterben bewahrt wurden, ist

Umweltenthusiasten wie Grzimek zu verdanken. Der hinterließ mit dem Serengeti-Nationalpark, der so groß wie Sizilien ist, das erste wirklich menschenfreie Tierparadies auf Erden, in dem sich die Populationen der Großwildtiere bis heute mehr als verzehnfachten. Allein in Tansania umfasst Grzimeks Vermächtnis inzwischen 17 Nationalparks, Wildreservate und Naturparks. Doppelt so viele Schutzgebiete hat das touristisch gut entwickelte Kenia, wo sich mehr als 100 Wildlife-Lodges an den Brennpunkten der Tierwelt positionieren, darunter sehr exklusive wie »Cottars«, »Elsa's Kopje« oder »Little Governor's«.

Seit dem Fall der Apartheid 1994 mussten sich die klassischen Safari-Paradiese Ostafrika, Kenia und Tansania den lukrativen Markt mit den Ländern des südlichen Afrika teilen, die vermehrt mit ihren eigenen, zugkräftigen Markenzeichen in Konkurrenz traten: Unverwechselbar ist Botswana mit dem Okavango-Delta verbunden, Namibia mit der Etosha-Pfanne, Südafrika mit dem bekanntesten Tierreservat der Welt, dem Krüger-Park. Schon haben sich Malawi, Sambia, Mosambik und Simbabwe bemerkbar gemacht, um am Wildlife-Segen zu partizipieren. Die Liste ihrer Attraktionen ist lang: Lake Malawi, 55-mal so groß wie der Bodensee (!), wartet mit gewaltigen Gebirgsketten auf, glasklaren Wassern und einem

Fischreichtum, der Schnorchler und Taucher zur Begeisterung bringt; Sambia präsentiert mit den beiden Nationalparks South- und North Luangwa Wilderness pur sowie die weltberühmten Victoria-Falls, wo die Wassermassen des Sambesi 111 Meter tief abstürzen; Mosambiks Bazaruto-Archipel steht für Traumstrände, exzellente Unterwasserwelt, Tauchen, Hochseefischen und gilt als Paradies für Ornithologen; und Simbabwe spielt im Mana-Pools-Nationalpark sein urzeitliches Bühnenstück, zu erleben auf einer spektakulären Kanu-Safari auf dem Sambesi River.

Das kraftvolle »Out of Africa«-Feeling hat seine ökonomischen Triebe inzwischen in die abgelegensten Dschungel- und Buschlandschaften gebracht. Dort findet das Endprodukt statt: Das Verweilen in einer Wildlife-Lodge, als verlangsamte Bewegung zwischen Raum und Zeit, abseits einer immer hektischer rasenden Zivilisation. Wer sich »Zeit für Safari« nimmt, verlässt den schnellen Takt für Momente und macht sich auf die Suche nach der eigenen verlorenen Zeit. Um vielleicht später an den schönsten Plätzen auszusteigen. Diejenigen, die sich nach Tagen in der Wildnis vor dem Einsteigen in den Helikopter, eine Zweimotorige, ein Boot oder den Landrover zwecks Transfer zum nächstgelegenen internationalen Flughafen noch einmal wehmütig umschauen und dabei

1 Badevergnügen am Wasserfall von Meiringspoort im Swartberg Nature Reserve. **2** Tierbeobachtung im offenen Safarifahrzeug in Garonga.
3 Auf *Walking Safari* unterwegs im Kosi Bay Nature Reserve, Südafrika.
4 Für Open-Air-Gourmets: Terrasse im Ulusaba Private Game Reserve ...
5 ... und in luftiger Höhe eines Picknickbaums im Garonga Safari Camp, Südafrika.

eine bislang unbekannte, eigenartige Stimmungstiefe verspüren, diejenigen sind angekommen. Auch wenn sie gerade abreisen. Aber keine Angst: Wildnis macht süchtig. Die richtige Dosierung zu finden, hat sich »Zeit für Safari« zur Aufgabe gemacht. Seine Kapitel folgen den Spuren der Autoren, die, ohne Anspruch auf Vollständigkeit, aus über 200 besuchten Safari-Domizilen jene vorstellen, denen Atmosphärisches auf besondere Weise gelungen ist. So sind 85 sehr eigene Camps, Lodges und Herbergen zusammengekommen, nicht immer (aber manchmal) die teuersten, auf jeden Fall geeignet für den Versuch, sich die Wildnis aufs Nachhaltigste zu erschließen. In den vier Hauptkapiteln präsentieren sich 1. Kenia und Tansania mit Sansibar, 2. Malawi, Sambia und Botswana, 3. Namibia sowie 4. Südafrika. Und nun viel Spaß mit und »Zeit für Safari«!

Aussteigen verboten! Die Löwen in der Savanne der Massai Mara in Kenia sehen zahm aus, sind es aber nicht.

Die große Wanderung
Massai Mara und Serengeti: Tiere auf der Reise

In einem endlosen Zyklus wandern jedes Jahr rund zwei Millionen Gnus, Zebras und Thomsongazellen in riesigen Herden von der südlichen Serengeti in Tansania zu den Weidegründen der kenianischen Massai Mara. Beide Parks zählen zu den wildreichsten Afrikas und gehören zum UNESCO-Weltnaturerbe.

Dutzende Safarifahrzeuge haben sich an einem der sogenannten *migration points* am Mara River versammelt. Mit riesigen Teleobjektiven und Ferngläsern bewaffnete Touristen starren aus den offenen Dächern auf den reißenden Strom. Es hängt ein beißender Geruch nach Aas in der Luft, in den Bäumen lauern Geier. Am erodierten Ufer scharren Hunderte Gnus unruhig mit den Füßen. Sie schubsen und drängeln sich – eine graubraune, wogende Masse. Immer wieder setzt eines der vordersten Tiere dazu an, über den sandigen, etwa drei Meter hohen Uferabbruch ins Wasser zu gleiten, macht dann aber doch einen Rückzieher. Die Unruhe wird immer größer, die klagenden Muhrufe schwellen an und endlich ist es so weit: Das erste Gnu springt mit einem riesigen Satz in den Fluss. Als hätte jemand einen Startschuss gegeben, folgt nun die ganze Herde und prescht in einer Reihe, alle an derselben Stelle, durch den Fluss. Das Wasser in der Mitte des Mara River ist tief, die Tiere müssen einige Meter schwimmen, bevor sie wieder festen Boden unter den Füßen spüren. Auf diesen Metern werden sie von der Strömung mitgerissen, bleiben an Felsen hängen, rappeln sich wieder auf und erreichen das rettende Ufer. Doch nicht allen gelingt dieses Kunststück: Krokodile und Geier haben sich strategisch günstig positioniert und stürzen sich auf die geschwächten und verletzten Tiere. Andere ertrinken in den Stromschnellen, besonders häufig erwischt es die unerfahrenen Jungtiere. Die Überlebenden trotten wie eine demoralisierte Karawane tropfnass und mit hängenden Köpfen an den Safarifahrzeugen vorbei hinaus in die Savanne. Die Touristen beobachten das Spektakel mit einer Mischung aus Faszination und Entsetzen. Obwohl jeder diese Szenen aus unzähligen Tier- und Naturfilmen kennt, erstarrt man förmlich vor Spannung, wenn man die jährliche Migration von rund zwei Millionen Gnus, Zebras, Topis und Thomsongazellen zum ersten Mal live miterlebt.
Die größte Tierwanderung der Erde beginnt Anfang des Jahres in der südlichen Serengeti: Gigantische Gnuherden sammeln sich

1 Ein Sundowner nach dem *game drive* gehört zum Safari-Erlebnis dazu. **2** Typischer Perlenschmuck der Massai. **3** Entspannung am Pool im Kleins Camp, Northern Serengeti. **4** Hunderte Gnus drängeln sich zur Zeit der Migration am Ufer des Mara River.

1

2

und bringen ihre Kälber zur Welt. Innerhalb von nur drei Wochen werden Hunderttausende Kälber geboren, die schon wenige Minuten nach der Geburt mit der Herde mitlaufen können. Im südöstlichsten Zipfel des Serengeti-Nationalparks, beim sodahaltigen Lake Ndutu, finden die Herden Weideflächen und Trinkwasser. Dann folgen die Gnus in bis zu 40 Kilometer langen Kolonnen den jahreszeitlichen Regenfällen nach Nordwesten. Etwa im Mai erreichen sie die westliche Serengeti, am Grumeti River gibt es genügend Nahrung und Wasser. Auf ihrer Wanderung werden die Tiere ständig von Löwen, Hyänen und Geparden bedroht, die ihnen folgen und sie attackieren. Im Grumeti River lauert eine weitere Gefahr: bis zu sechs Meter lange Krokodile, die größten Afrikas. Im Juni ist auch das Gras in der westlichen Serengeti abgefressen. Die Herden durchqueren den Grumeti River und ziehen weiter nach Norden. Im Juli verlassen sie Tansania und wandern über den Sand River in die kenianische Massai Mara ein, wo sie die nächsten Monate über die weiten Kurzgras-Savannen ziehen. Zu Beginn der kleinen Regenzeit im Oktober/November haben die Gnus, Zebras, Topis und Thomsongazellen schließlich auch die Weidegründe der Transmara abgefressen und treten ihren Treck zurück nach Süden an. Ihr größtes Hindernis: der nach den ersten Regenfällen bereits

bedrohlich angeschwollene Mara-Fluss. Das große Fressen für die Krokodile, Geier und Raubtiere beginnt! Doch von der großen Migration profitieren nicht nur die Raubtiere, sondern auch die Vegetation: Die regelmäßige Abweidung fördert das Gedeihen der verschiedensten Grasarten, die sich während der Abwesenheit der Tiere regenerieren können; die Ausscheidungen der Gnus düngen zudem den Boden.

Das Massai Mara National Reserve im Süden Kenias und der südlich angrenzende Serengeti-Nationalpark in Nordtansania bilden ein gigantisches zusammenhängendes Ökosystem und zählen zum UNESCO-Weltnaturerbe. Mit einer Fläche von rund 15 000 Quadratkilometern ist die Serengeti der zweitgrößte Nationalpark Afrikas, dazu kommen 1540 Quadratkilometer der Massai Mara und die Gebiete der angrenzenden Schutzgebiete. Die baumlose Savanne der Serengeti Plains verbindet den Serengeti-Nationalpark mit der Ngorongoro Crater Conservation Area im Osten.

Wohl nirgendwo sonst auf der Erde findet man einen solchen Wildreichtum verbunden mit einer afrikanischen Bilderbuchlandschaft: In der offenen Grassavanne verliert sich der Blick am Horizont, nur einige majestätische Schirmakazien und verwitterte Kopjes aus Granit unterbrechen die Weite.

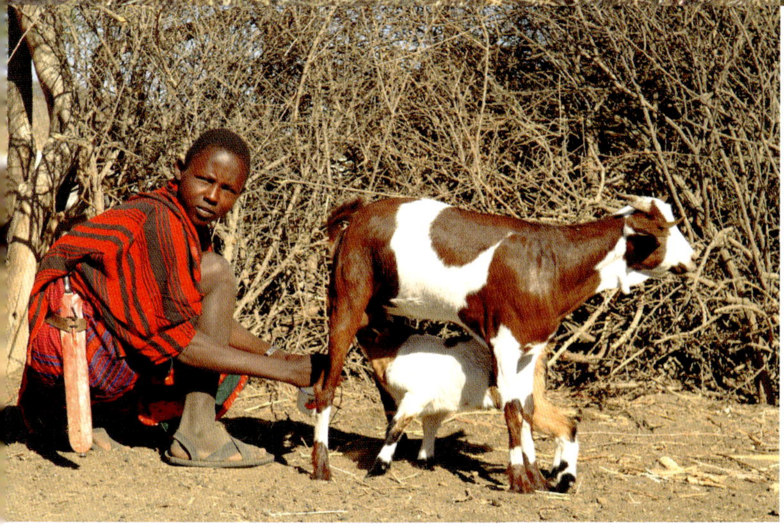

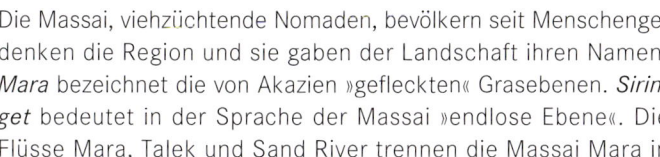

1 Schirmakazien und weites Grasland: Die Serengeti ist eine Savanne wie aus dem Bilderbuch. 2 und 4 In der Massai Mara stehen die Chancen besonders gut, Löwen beim Erlegen ihrer Beute zu beobachten. 3 und 5 Das Schutzgebiet liegt im Land der Massai, die als halbnomadisierende Viehhirten leben.

Die Massai, viehzüchtende Nomaden, bevölkern seit Menschengedenken die Region und sie gaben der Landschaft ihren Namen: *Mara* bezeichnet die von Akazien »gefleckten« Grasebenen. *Siringet* bedeutet in der Sprache der Massai »endlose Ebene«. Die Flüsse Mara, Talek und Sand River trennen die Massai Mara in

drei Parkteile. Die Westgrenze des Parks bildet das Oloolo Escarpment, an dessen Fuß sich das Mara-Dreieck bis zum Mara River ausbreitet. In einem idyllischen Wäldchen nahe des Oloolo Gate liegt das luxuriöse Kichwa Tembo Camp. Das Ambiente der luxuriösen Safari-Zelte versetzt in die 1930er-Jahre – man fühlt sich an den Klassiker *Out of Africa* mit Meryl Streep und Robert Redford erinnert, dessen Schlussszene hier gefilmt wurde. Ein Zaun schützt vor unerwarteten Tierbegegnungen, denn Giraffen, Elefanten und nachts auch Hippos sind regelmäßige Gäste. Ebenfalls im Mara-Dreieck nahe mehrerer *migration points* liegt die Mara Serena Lodge. Für die etwas schlichtere Ausstattung der Bungalows entschädigt der fantastische Blick von der Poolterrasse über das gesamte Reservat.

Der Zoologe Bernhard Grzimek und sein junger Sohn Michael waren in den 1950er-Jahren die ersten, die Bilder der Serengeti in

1 Luxuriös campieren direkt an der Migrationsroute der Tiere: Grumeti Serengeti Tented Camp. 2 Kleins Camp am Rande der Kuka Hills in der Serengeti. 3 Weiter Ausblick auf das »gefleckte Land«, die Massai Mara. 4 Die Serena Lodge thront mitten in der Massai Mara auf einem Hügel.

die deutschen Wohnzimmer brachten und über die Bedrohung der Tierwelt Afrikas berichteten. Mit unvergleichlicher Leidenschaft und unter Einsatz ihres Lebens – Michael starb 1959 beim Absturz ihres Fliegers im Ngorongoro-Krater – investierten sie in den Schutz der Tiere in Ngorongoro und Serengeti, zählten diese systematisch vom Flugzeug aus und versuchten ihre zyklische Wanderroute nachzuvollziehen, indem sie einzelne Tiere mit bunten Halsbändern markierten. Heute setzt die Zoologische Gesellschaft Frankfurt, allen voran Markus Borner, die Arbeit Bernhard Grzimeks in der Serengeti fort. 50 Jahre nachdem die beiden Grzimeks in der Serengeti lebten, ist diese besser geschützt und weniger von Wilderei bedroht als damals. Zum Beispiel stehen der heutigen Gnupopulation von 1,5 Millionen etwa 100 000 Tiere zu Grzimeks Zeiten entgegen (v. a. dezimiert durch die Rinderpest). Die Serengeti ist heute der wildreichste Nationalpark der Welt! Logische Konsequenz dieses üppigen Futterangebots ist die sehr hohe Raubtierdichte, sowohl in der Massai Mara als auch in der Seren-

geti: In kaum einem anderen Landstrich Afrikas stehen die Chancen so gut, Löwen, Hyänen, Geparden und Schakale zu beobachten. Trotz der großartigen Erfolge zum Schutz des Serengeti-Ökosystems, bleiben ungelöste Probleme. Im Tourismus setzte ein, was einst Grzimek in *Serengeti darf nicht sterben* prophezeite: »Die letzten Tiere werden immer kostbarer und begehrter werden. (...)

In den kommenden Jahrzehnten und Jahrhunderten werden die Menschen (...) aus den dunstigen Städten nach den letzten Plätzen streben, wo Gottes Geschöpfe friedlich leben. Zu Ländern, die solche Plätze gerettet haben, werden (...) Ströme von Touristen fließen.« Für die Distrikte Narok und Transmara in Kenia ist der Tourismus die wichtigste Einnahmequelle – die Massai-Gemeinden profitieren von eigenen Camps und den Einnahmen aus Eintrittsgeldern. Über 8000 Betten stehen den jährlich 70 000 Safari-Touristen in der Massai Mara zur Verfügung. Die Serengeti besuchen über 150 000 Touristen im Jahr. Negative Folgen sind der immense Holzverbrauch der Camps und der lokalen Bevölkerung sowie die Zerstörung der Vegetation im Park durch die Safari-Busse, die gerne einmal offroad fahren, wenn sich abseits der Piste ein Rudel Löwen versteckt. Der zunehmende Wasserverbrauch – nur der Mara River führt ganzjährig Wasser – entwickelt sich verbunden mit langen Trockenperioden zum Problem. Auch die illegale Jagd auf Buschfleisch – verstärkt durch den Bevölkerungsdruck im Umkreis der Schutzzone – lässt sich schwer kontrollieren und erlebte während der Chaoswochen nach den Präsidentschaftswahlen im Januar 2007 einen traurigen Höhepunkt. Der Kampf um die Erhaltung dieses Garten Eden auf dem afrikanischen Kontinent dauert an ...

Zeit für Massai Mara und Serengeti

Anreise/Lage

Das Masai Mara National Reserve liegt im Westen Kenias und geht südlich in den Serengeti-Nationalpark in Nordtansania über.
Flug: Per Kleinmaschine mit Airkenya (www.airkenya.com) ab Nairobi ins Masai Mara Reserve. Von Arusha zu einer der Pisten in der Serengeti.
Straße: Die Anfahrt mit dem eigenen Auto ist nur auf sehr schlechten Pisten möglich. Die Grenze zwischen der Massai Mara (Kenia) und der Serengeti (Tansania) ist für Touristen geschlossen – eine gesonderte Anreise für beide Parks ist notwendig.

Beste Reisezeit

Zwischen Juli und Oktober halten sich die großen Tierherden in der Massai Mara auf, bevor sie wieder in die südliche Serengeti ziehen. Weniger günstig ist ein Besuch zur großen Regenzeit zwischen März und Mai.

Sehen und erleben

Beobachtung der alljährlichen großen Wanderung Tausender Gnus, Gazellen und Zebras. Afrikanische Wildnis und Weite in der Savannenlandschaft der Serengeti und Massai Mara.

Unterkunft

Kichwa Tembo Camp, am Rande des Masai Mara NP beim Oloolo Gate, Reservierung: andBeyond Africa, Tel. 0027-11-8094300, Fax 0027-11-8094400, www.andbeyondafrica.com, info@andbeyond.de
Kleins Camp, Northern Serengeti, Reservierung: &Beyond Africa, s. oben.
Grumeti River Camp, Western Serengeti, Reservierung: andBeyond Africa, s. oben.
Mara Serena, im Masai Mara NP, Reservierung: Serena Hotels Williamson House, 4th Floor 4th Ngong Avenue, Nairobi, Kenia, Tel. 00254-20-2710511, Fax 00254-20-2718100, www.serenahotels.com/kenya/mara

Eintrittspreise

Jeweils 50 US-$/Tag (Serengeti und Masai Mara NP)

Aktivitäten

Ballon-Safaris über der Massai Mara und Serengeti, Tierbeobachtungsfahrten zu den Migrationspunkten an den Flüssen.

Information

www.magical-kenya.de,
Infos über die touristischen Attraktionen Kenias
Kenya Wildlife Service, Tel. 00254-20-600800, kws@kws.org, www.kws.org
Tanzania National Parks Authority, Tel. 00255-272-503471, www.tanzaniaparks.com, info@tanzaniaparks.com

Thron der Götter
Mount Kenya: Schroffe Gipfel und urzeitliche Pflanzen

Wie eine Insel ragt das markante, vergletscherte Massiv des Berges aus der ostafrikanischen Savanne. Bei einem Besuch des Mount-Kenya-Nationalparks lernt man seine einzigartige afromontane Flora und Fauna sowie seine landschaftliche Vielfalt mit spitzen Gipfeln, Gletschern und glasklaren Seen kennen.

Afrikas zweithöchster Berg erhebt sein zackiges, weiß gepudertes Haupt fast direkt am Äquator im Herzen Kenias. Der 5199 Meter hohe Mount Kenya ist das Reich von Ngai, der Gottheit der Kikuyu, des größten Volksstamms des Landes. Sie nennen den erloschenen Vulkan, der von jeher ihr Leben bestimmt und an dessen Hängen sie Mais-, Tee- und Kaffeefelder bewirtschaften, *kirinyaga* (»Ort des Lichtes«). In den frühen Morgenstunden, wenn sich der Berg seiner Wolkenmütze entledigt, erfährt man warum: Die markanten Felsspitzen des Gipfelmassivs und die grünen Wälder an seinen Flanken leuchten hoch oben über der ostafrikanischen Trockensavanne. Doch die ganze Schönheit des Berges, der oberhalb von etwa 3200 Meter Höhe als Nationalpark unter Schutz steht und seit 1997 zum UNESCO-Weltnaturerbe zählt, erlebt man erst bei seiner Besteigung.

Unsere Reise beginnt auf der Südseite des Mount Kenya bei der Castle Forest Lodge, wo wir uns zunächst ein wenig akklimatisieren. Umgeben von märchenhaftem Regenwald liegen die rustikalen Cottages mit Kamin verteilt auf einer Lichtung. Von der erhöhten Veranda des urigen Haupthauses mit Restaurant, das bereits 1910 von den Briten errichtet wurde, beobachten wir die exotischen Vögel der Gegend – darunter den Tropical Boubou mit seinem glockenartigen Ruf. Als pünktlich um 18.30 Uhr die Tropensonne untergeht und die Vögel ihr Konzert beenden, ertönen plötzlich quietschend-krächzende Laute aus den Kronen der Urwaldriesen. Nach vergeblicher Suche mit der Taschenlampe klärt uns ein Angestellter der Lodge auf: Die possierlichen, nachtaktiven Baumschliefer stecken ihr Territorium mit lauten Rufen ab. Zu späterer Stunde besuchen deutlich größere Tiere die Lichtung: Waldelefanten kommen regelmäßig zum Fressen in die Nähe der Lodge. Neben noch etwa 2000 Elefanten leben Buschböcke, Zebras, Waldschweine, Colobusaffen und Paviane, Hyänen, Büffel,

1 Auf dem Weg zum Chogoria Gate an der Ostflanke des Mount Kenya.
2 Engelstrompete im Regenwald. 3 In der Naro Moru River Lodge.
4 Das verschneite Massiv des Mount Kenya besteht aus zwei Gipfeln: Batian und Nelion.

1 Geschafft: auf dem Trekkinggipfel des Mount Kenya, Nelion, 5188 m.
2 Rund um das Gipfelmassiv des Mount Kenya liegen mehrere Seen.
3 Trekking durch afroalpine Vegetation: Die Senezien (Riesenkreuzkraut) werden mehrere Meter hoch. **4** Die Regenwaldzone reicht bis auf etwa 2500 Meter Höhe. **5** Rast am Wegesrand. **6** Waldelefanten an der Castle Forest Lodge.

Leoparden, Meerkatzen und (wenige) Nashörner im unteren Bereich des Mount Kenya, der als Forest Reserve unter Schutz steht. Nach den Tagen auf der Castle Forest Lodge entschließen wir uns, den Point Lenana, den dritthöchsten und ohne technische Kletterei erreichbaren Gipfel des Mount Kenya, von der Nordwestseite auf der Sirimon-Route zu besteigen. Um unabhängig von einer Gruppe und ohne lokale Mannschaft aus Führern und Trägern unterwegs zu sein, nehmen wir in Kauf, die gesamte Ausrüstung bestehend aus Zelt, Schlafsack, Kocher, Kleidung etc. selbst auf dem Rücken zu tragen.
Eine Erdpiste führt vom Sirimon Gate durch den Wald mit riesigen *podocarpus* (Steineiben), *hagenia abyssinica* (Kosobäumen) und Zedern bergauf. Den tropischen Wald löst ab etwa 2500 Metern Höhe dichter Bambus ab. Kurz vor der Old-Moses-Hütte schlagen

5

6

wir auf 3200 Metern Höhe unser Zelt an einem kleinen Bach auf. Wenig später beginnt es zu tröpfeln, und der Regen hält die nächsten zwölf Stunden in unterschiedlich starken Intervallen an. Keine Seltenheit am Mount Kenya: Feuchte Luft vom Indischen Ozean beschert dem Berg sehr hohe Niederschläge und macht ihn zum wichtigsten Wasserreservoir der Region.

Am nächsten Morgen steigen wir durch Heideland, das später in die Moorlandzone mit dickem Tussockgras übergeht, zu einer meteorologischen Station auf. Unsere Karte vom Mount-Kenya-Massiv weist den Weg als *wellmarked* aus, doch der moorige Pfad wird immer schmaler und verliert sich schließlich zwischen den Grasbüscheln. Ein Blick auf die Karte und unser GPS-Gerät verrät, dass wir zu weit westlich und unterhalb des Pfades laufen, also stolpern wir weglos den matschigen Hang hinauf. Der Atem geht schwer, immerhin befinden wir uns schon auf etwa 3600 Metern Höhe. Aus dem ansonsten baumlosen Sumpfland ragen phallusförmige Riesenlobelien, an deren Blüten der schillernde Malachit Nektarvogel saugt. Schließlich erreichen wir schon ziemlich erschöpft beim wasserreichen Liki North River wieder den Pfad. Nach etwa sieben Stunden Marsch schlagen wir endlich unser Zelt unterhalb des Shipton's Camp auf. Zum ersten Mal ist das Gipfel-

massiv in Sicht, und vor uns erhebt sich die atemberaubende Kulisse der beiden zackigen, frisch mit Schnee bestäubten Gipfel Sendeo und Terrere (ca. 4700 m). Die drei höchsten Mount-Kenya-Gipfel Batian (5199 m), Nelion (5189 m) und Point Lenana (4985 m) zeigen sich noch nicht. Das markante Gipfelmassiv des Mount Kenya bildete sich vor etwa 3,5 Millionen Jahren aus, als der einst riesige Vulkan am Ostrand des Ostafrikanischen Grabenbruchs noch aktiv war. Im Laufe der Jahrtausende verwitterte der Berg zu seiner heutigen Form mit seinen Gipfeln und Kraterseen. An unserem Lagerplatz bekommen wir den typischen Gigantismus der Pflanzen in der ostafrikanischen Bergwelt anschaulich vorgeführt: Wir übernachten in einem Wald aus meterhohen Riesensenezien *(senecio brassica),* ein Kreuzkraut, deren Vertreter in unseren Breiten nur wenige Dutzend Zentimeter groß werden. Mit verschiedenen Tricks überleben die Pflanzen die Kälte in Höhen über 3000 Metern: Den Blütenstand der Straußenfeder-Lobelien umgibt ein flauschiger Pelz, die Senezien schützen ihren verholzten Stamm mit abgestorbenen Blättern vor dem Frost.

Am nächsten Morgen glühen die Bergspitzen im Licht der aufgehenden Sonne, unser Zelt und den Boden bedeckt ein Mantel aus Raureif. Wir steigen zum viel frequentierten Shipton's Camp

1 Im dichten Regenwald nahe der Castle Forest Lodge versteckt sich ein kleiner Wasserfall. 2 Die rustikale Naro Moru River Lodge liegt auf über 2100 Metern Höhe am Fuße des Mount Kenya. Sie ist ein idealer Ausgangspunkt für Aktivitäten jeglicher Art im Nationalpark.

(4236 m) auf, in dessen Umgebung freche Klippschliefer nach Nahrungsresten der Bergsteiger suchen. Nun liegt ein sehr steiler Geröllhang zum Hausberg Col vor uns. Am Sattel auf rund 4500 Metern angelangt, spüren wir mit Schwindel und Kopfschmerzen zum ersten Mal deutlich die Höhe. Doch der Anblick des in der Sonne türkis schimmernden Hausbergs Tarn entschädigt für alle Strapazen. Den glasklaren See in einem ehemaligen Vulkankrater umgeben Senezien und die schroffen Felsen des Gipfelmassivs – eine urzeitliche Landschaft, in der nur die Dinosaurier fehlen. Wir wandern weiter durch eine hochalpine Wüste, in der auf den schwarzen Felsen aus Vulkangestein nur noch gelbe Flechten gedeihen. Auf dem Rundweg um das Gipfelmassiv passieren wir zwei weitere Seen, die Two Tarns, vor der dramatischen Kulisse des in den Himmel ragenden Felsfingers Point John. Am Fuße der in Nebel gehüllten Batian (5199 m) und Nelion (5188 m) schlagen

wir unser Hochlager auf. An den Flanken des Batian glitzert der Schnee eines noch nicht abgeschmolzenen Hängegletschers. Wie am Kilimandscharo sind auch die Gletscherfelder des Mount Kenya in den letzten Jahrzehnten stark geschrumpft.

Um 2.30 Uhr beginnt der Gipfelsturm: Der Vollmond beleuchtet den Pfad, der in Serpentinen über einen endlos erscheinenden Schutthang hinauf zur Austrian Hut (4790 m), der höchsten Hütte am Mount Kenya, führt. Die Zacken von Point John, Batian und Nelion heben sich schwarz gegen den Sternenhimmel ab. Als wir den Grat des Point Lenana hinaufklettern, steigt langsam die Sonne am Horizont auf und der Felsdaumen des Batian beginnt rot zu glühen. Noch eine steile Felsstufe, und wir stehen auf dem mit buddhistischen Gebetsfahnen und der kenianischen Flagge dekorierten Gipfel Point Lenana auf 4985 Metern Höhe. Das überwältigende Panorama auf Nelion und Batian, die Seen und die dünne Luft lassen uns nach Luft schnappen.

Nun erwartet uns ein langer Abstieg über die Naro-Moru-Route auf der Westseite des Mount Kenya. Nach einer Rast am Mackinder's Camp folgen wir dem Naro Moru River mit herrlichem Senezien- und Lobelienwald. Der Weiterweg durch das Moor erscheint end-

Zeit für den Mount Kenya

Anreise/Lage

Der zweithöchste Berg Afrikas nördlich von Nairobi liegt im Zentrum Kenias.
Flug: Mit KLM, Emirates, British Airways u.a. zum Jomo Kenyatta International Airport in Nairobi. Charterflüge nach Nanyuki an der Nordwestseite des Berges.
Straße: Verkehrsreiche Straße von Nairobi nach Naro Moru (196 km) an der Westseite des Mount Kenya. Von dort 18 km bis zum Naro Moru Park Gate, wo die am häufigsten begangene Route auf den Berg beginnt.

Beste Reisezeit

Optimale Sicht und weniger Regen von Mitte September bis Mitte Oktober sowie im Januar und Februar. Die Regenzeiten (April/Mai, November/Dezember) sind fürs Trekking ungeeignet.

Sehen und erleben

Afromontane Vegetationsstufen am Mount Kenya.
Büffel, Elefanten und andere Wildtiere in den Bergwäldern.

Unterkunft

Castle Forest Lodge, Mount-Kenya-Südseite, zwischen Kutus und Embu auf D458 Richtung Kianyaga abbiegen, Tel. 00254-721-422908, www.castleforestlodge.com, castlelodge@wananchi.com
Naro Moru River Lodge, 2 km außerhalb von Naro Moru, Tel. 00254-20-4443357/8, Fax 00254-20-4445309, www.alliancehotels.com, info@alliancehotels.com

Eintrittspreise

Erwachsene 55 US-$ pro Tag. Bergsteiger zahlen 150 US-$. Nationalparkeintritt für 3 Tage plus Camping-/Hüttengebühren sowie Entgelt für Führer und Träger.

Aktivitäten

5-tägige Besteigung des Point Lenana (4985 m) auf einer der fünf Routen.
Wanderungen im tiefer gelegenen Regen- und Bambuswald.

Information

Kenya Wildlife Service, Tel. 00254-20-600800, www.kws.org, kws@kws.org, Informationen zu Kenias Nationalparks und Parkgebühren.
Bill Woodley Mount Kenya Trust, www.mountkenyatrust.org. Die Organisation bemüht sich um den Schutz des Naturraums am Mount Kenya.
Kenya Tourist Board, www.magical-kenya.de., Infos über die touristischen Attraktionen Kenias.

los: Zwischen den großen Tussockgrasbüscheln stolpern wir von einem Schlammloch ins nächste. Nach einem 14-Stunden-Trekkingtag erreichen wir endlich die meterologische Station auf 3000 Metern Höhe.

An unserem fünften und letzten Trekkingtag, an dem wir zum Naro Moru Gate absteigen, erwartet uns eine letzte Herausforderung: Ein alter Büffel liegt etwa 50 Meter vor uns direkt auf dem Weg. In sicherer Entfernung erinnern wir uns an den Rat des Rangers am Parkeingang: Bei Begegnungen mit wilden Tieren sollten wir diese mit einer Trillerpfeife und lauten »Uh! Uh!«-Rufen in die Flucht schlagen. Der Versuch scheitert: Der Büffel starrt uns an und wackelt mit den Ohren. So bleibt nur der Umweg durchs dichte Bambusgestrüpp. Als wir ein Stück weiter einen Blick zum Weg riskieren, bemerken wir, dass uns der Büffel in den Wald gefolgt ist. Wir rennen durchs Dickicht, in dem wir mit den Rucksäcken an den kreuz und quer hängenden Bambusstangen hängen bleiben. Nach etwa zehn Minuten panikartiger Flucht ist vom Büffel nichts mehr zu sehen, und wir befinden uns wieder auf dem Weg zurück in die Zivilisation, wo eine im frischen Mount-Kenya-Wasser gezüchtete, gebratene Forelle auf uns wartet ...

1

2

3

4

Flamingo-Paradies
Lake Nakuru: Sodasee im Rift Valley

Wie Perlen an einer Kette reihen sich die Seen im kenianischen Rift Valley nördlich von Nairobi aneinander. Riesige Flamingoschwärme färben das Ufer des Lake Nakuru in gleichnamigen Nationalpark rosarot. Der Park gilt mit seiner landschaftlichen Vielfalt als einer der schönsten in Kenia.

Entlang des mehr als 9000 Kilometer langen Großen Grabenbruchs (Great Rift Valley) vom Jordan-Tal bis nach Mosambik bricht Afrika langsam auseinander: Jedes Jahr driften die afrikanische und die arabische Platte drei Millimeter auseinander, und die Erdkruste am Grabengrund wird dünner und dünner. Wissenschaftler prophezeien, dass der Kontinent entlang des Rift eines Tages in zwei Teile zerreißen wird. Zwischen den auseinandergebrochenen Erdteilen entsteht dann ein neuer Ozean.

Am Turkana-See im äußersten Norden Kenias an der Grenze zu Äthiopien spaltet sich der Ostafrikanische Grabenbruch in zwei Zweige: den Eastern Rift und den Western Rift. Die tektonischen Prozesse im Bereich des Grabenbruchs sind für die anhaltenden vulkanischen Aktivitäten in der Region verantwortlich. An den Abbruchkanten des Eastern Rift wuchsen vor Jahrmillionen die Vulkane Mount Kenya, Mount Elgon, Ngorongoro, Mount Meru und Kilimandscharo aus dem Boden, sprudeln heute noch heiße Quellen und Geysire, und der Ol Donyo Lengai im Norden Tansanias spuckt immer noch regelmäßig Asche und Magma.

Im Laufe der Erdgeschichte war der Grabenbruch zeitweise überflutet. Überbleibsel aus dieser Zeit sind die Süß- und Salzwasserseen in den Senken des Rifts. Der größte See im Rift Valley und zugleich der zweittiefste der Welt ist der Lake Tanganyika. Im kenianischen Rift reihen sich von Nord nach Süd der Lake Turkana, Baringo, Bogoria, Nakuru, Elementeita, Naivasha und Magadi aneinander – jeder mit einer einzigartigen Landschaft, Tier- und Pflanzenwelt. Der größte See von ihnen ist der Turkana-See, der wegen seiner blaugrünen Wasserfärbung auch »Jademeer« genannt wird und eine der größten Krokodilpopulation der Welt beherbergen soll. Besonders für Vogelliebhaber sind die Rift-Valley-Seen ein Paradies: Auf der Artenliste Kenias stehen über 1000 Vogelarten – diese Anzahl wird nur noch von der Demokratischen Republik Kongo übertroffen.

1 Wasserbock in seinem Element. **2** Die Mbewha Lodge ist von riesigen Euphorbien umgeben. **3** Warzenschweine grasen gerne auf den Knien. **4** Rosaflamingos sind die größte Flamingoart.

Das Gebiet um den Lake Nakuru in unmittelbarer Nähe zur Stadt Nakuru, etwa 155 Kilometer nördlich von Nairobi, wurde 1961 zum ersten Vogelschutzgebiet Afrikas und 1967 zum Nationalpark erklärt. Der salzhaltige See bedeckt etwa ein Drittel des 188 Quadratkilometer großen Parks. Trotz seiner begrenzten Fläche zählt er zu den schönsten Destinationen in Kenia und den besten Plätzen auf der Welt, um Flamingos und andere Vögel zu beobachten. Seine landschaftliche Schönheit verdankt der Park den Kontrasten: der von Felsklippen und Salzebenen umgebene See vor der Silhouette der Stadt Nakuru, der größte Euphorbienwald *(euphorbia candelabrum)* Ostafrikas an der Ostseite des Sees, malerische Fieberakazien am südwestlichen Ufer, Schilf- und Sumpfflandschaft entlang des Enderit- und Makali-Flusses, die in den Lake Nakuru münden. Im Februar 2008 zerstörte unglücklicherweise ein Buschfeuer große Teile der Vegetation um den See – eine vollkommene Regeneration der Akazien- und Euphorbienbestände wird wohl noch Jahre dauern.

Wie eine Insel, auf der die Natur der Zivilisation trotzt, grenzt der Nationalpark unmittelbar an die südlichen Vororte der viertgrößten Stadt des Landes. Jenseits des Parkzauns erstrecken sich große Agrarflächen in alle Richtungen. Dementsprechend groß ist der Kontrast, wenn man unmittelbar von Nakuru mit seinen großen Getreidesilos durch das Haupteingangstor in den Park einfährt: Durch unberührten Akazienwald, in dessen Geäst sich hin und wieder ein Leopard versteckt, geht es zum sumpfigen Seeufer. Dort tummeln sich jahreszeitlich mehr als eine Million Flamingos und verwandeln den Lake Nakuru in einen rosaroten Teppich. Ornitho-

logen aus aller Welt reisen hierher, um dieses einzigartige Spektakel – die größte Zwergflamingopopulation der Welt – zu bewundern. Da man keine Nester in der Umgebung des Sees fand, war es jahrzehntelang ein Rätsel, wo die Vögel eigentlich nisten, bis man herausfand, dass sie zum abgelegenen Lake Natron in Nordtansania migrieren. Je nach Wasserstand und Salzgehalt des Sees – der die Entwicklung ihrer Nahrungsgrundlage, der Blaualgen, beeinflusst – fliegen die Flamingos auf Futtersuche manchmal auch andere Sodaseen an.

Nur wenige Arten können in Salz- oder Brackwasser wie am Lake Nakuru überhaupt überleben. Säugetiere sowie die meisten Fische und Vögel der Region sind nicht salztolerant. Nur die Flamingos filtern mit einem hoch spezialisierten Filterapparat im Schnabel Mikroorganismen und Gliederfüßer aus dem salzhaltigen Wasser, ohne es mit aufzunehmen. Die am Lake Nakuru selteneren Rosaflamingos fressen vorwiegend Arthropoden, die in weniger salzhaltigen Gewässern leben. Die Zwergflamingos waten dagegen auch durch stark salzige Seen wie den Lake Nakuru und ernähren sich von der darin massenhaft verbreiteten blaugrünen Alge der Gattung *spirulina*. Doch die Flamingopopulation am Lake Natron ging in den letzten Jahrzehnten zurück. Vor dem Bau einer Kläranlage

1 Vom Baboon Cliff eröffnet sich ein herrlicher Blick auf den Lake Nakuru. 2 Rosapelikane bevölkern die Ufer vieler Salzseen im Rift Valley. 3 Die Fieberakazie verdankt ihren Namen einem Irrtum: Sie stand im Verdacht die Malaria zu übertragen, da die Krankheit im sumpfigen Verbreitungsgebiet des Baums besonders häufig auftrat. 4 und 5 Vorsicht bei der *walking safari*: Breitmaulnashörner sehen zwar schlecht, aber riechen und hören können sie gut.

1 Der Lake Elementeita ist der kleinste Salzsee im Rift Valley.
2 und **3** Büffel, Zebras, Gnus, Giraffen, Nashörner und mehr als 400 Vogelarten bevölkern das Ufer des Lake Nakuru. **4** African Style in der Lake Nakuru Lodge. **5** Eine Ballonfahrt über den See startet im frühen Morgengrauen.

Anfang der 1990er-Jahre wurden die gesamten Abwässer der Stadt Nakuru in den See geleitet und schadeten der lokalen Vogelwelt. Lange und wiederkehrende Trockenperioden führten außerdem dazu, dass der See mehrmals fast trocken fiel. Die Abwanderung der Vögel war die Folge. Außerdem schadete möglicherweise die Einführung der salzwassertoleranten Buntbarschart *tilapia grahami* im See den Flamingos. Die Barsche sollten die Mücken vernichten, stattdessen spezialisierten sie sich auf die Spirulina-Algen und traten in Nahrungskonkurrenz mit den Zwergflamingos. Positiver Nebeneffekt: Andere fischfressende Vögel wie etwa Kormorane und Riesenpelikane siedelten sich am ursprünglich fischlosen Lake Nakuru an.
Aber nicht nur Flamingos machen den kenianischen Park so attraktiv: Insgesamt 400 Vogelarten und 50 Säugetierarten, darun-

Anreise/Lage

Der Lake Nakuru nordwestlich von Nairobi zählt zum Seensystem des Ostafrikanischen Grabenbruchs.
Flug: Mit KLM, Emirates, British Airways u.a. zum Jomo Kenyatta International Airport in Nairobi.
Straße: Etwa 160 km verkehrsreiche Teerstraße von Nairobi bis Nakuru mit dem Haupteingangstor in den Park.

Beste Reisezeit

Ganzjährig. Den höchsten Wasserstand hat der See zu den Regenzeiten November/Dezember und Ende März bis Mai, den niedrigsten jeweils am Ende der Trockenzeit. Bei wenig Wasser sind die Vogelbeobachtungsmöglichkeiten eingeschränkt.

Sehen und erleben

Beobachtung von Nashörnern, Büffeln, Raubkatzen und riesigen Flamingoschwärmen in der grandiosen landschaftlichen Kulisse des Sodasees Nakuru im Ostafrikanischen Grabenbruch.

5

Unterkunft

Mbweha Camp, Reservierung über Antua Enkop Africa, P.O. Box 42475, 00100 Nairobi, Tel. 00254-20-4450035/36, www.atua-enkop.com, reservations@atua-enkop.com
Lake Nakuru Lodge, P.O. Box 561, Nakuru, Tel. 00254-51-850518 oder 00254-51-850228, Fax 00254-51-216250, www.lakenakurulodge.com

Eintrittspreise

Erwachsene 40 US-$, Pkw 300 Kenya Shilling pro Tag.

Aktivitäten

Pirschfahrten im Nationalpark.
Vogelbeobachtungen am Lake Nakuru.
Ballonfahrten über die Rift-Valley-Seen mit Go Ballooning Kenya, P.O. Box 58064, Nairobi, Tel. 00254-20-2717373, www.goballooningkenya.com, info@goballooningkenya.com

Information

Kenya Wildlife Service, Tel. 00254-20-600800, www.kws.org, kws@kws.org,
Infos zu Kenias Nationalparks sowie den Parkgebühren.
www.magical-kenya.de,
Infos über die touristischen Attraktionen Kenias.

ter auch Löwen, Leoparden und Büffel, leben im Schutzgebiet. Auf den Sumpfwiesen rund um den See tummeln sich verschiedene Vögel, Wasser- und Riedböcke. Auf den Savannenebenen südlich des Sees grasen Impalas, Grant- und Thomsongazellen. Auch die Chancen, ein paar Breitmaulnashörner zu beobachten, stehen hier gut: Der Lake-Nakuru-Nationalpark ist eines der wenigen *rhino sanctuaries* in Ostafrika. Ende der 1980er-Jahre wurden hier außerdem die seltenen Spitzmaulnashörner angesiedelt – diese sind jedoch wesentlich schwerer zu beobachten, weil sie sich meist im dichten Gebüsch aufhalten. Auch die Rothschildgiraffe, von der selbst in ihrem Herkunftsland Uganda nur noch wenige Exemplare überlebten, fand hier ein Rückzugsgebiet und vermehrt sich seit ihrer Einführung 1977 prächtig.
Bevor man schließlich wieder ins bunte afrikanische Leben eintaucht, darf man den Ausblick vom Baboon Cliff auf der westlichen Seite des Parks auf keinen Fall verpassen: Die Nachmittagssonne taucht den Lake Nakuru, die ausladenden Kronen der Fieberakazien und das gelbe Savannengras in ein warmes Licht und lässt einen vergessen, dass man sich in einer der am dichtesten besiedelten Regionen Kenias befindet.

Vulkane am Äquator
Arusha-Nationalpark und Kilimandscharo

Höchster Punkt Afrikas, höchster frei stehender Berg und einer der höchsten Vulkane der Erde – Tausende Bergsteiger stellen sich jedes Jahr der Herausforderung, den fast 6000 Meter hohen Kilimandscharo zu erklimmen. Doch vor dem Gipfelglück gilt es Schweiß, Staub, Kälte und Höhenkopfschmerz standzuhalten. Im Arusha-Nationalpark thront der nicht weniger spektakuläre, zweithöchste Vulkan des Landes: der Mount Meru.

Der Landeanflug auf den internationalen Kilimanjaro Airport in Nordtansania enttäuscht nicht. Der Pilot neigt das Flugzeug leicht nach links und die Passagiere drängeln sich mit ihren Kameras an den Fenstern: Wir befinden uns fast auf Augenhöhe mit dem schneebedeckten und von Wolken umrahmten Krater des Kilimandscharo.

Auf afrikanischem Boden angekommen, geht es zunächst nach Arusha – Dreh- und Angelpunkt sowie Versorgungsstation für den Safari-Tourismus in Nordtansania. In den Straßen Arushas belagern uns die allgegenwärtigen Schlepper und Händler, die Holzfiguren, Perlenketten oder unseriöse Touren zum Niedrigpreis – »special price for you my friend« – an den Mann bringen möchten. Mangels besonderer touristischer Attraktionen flüchten wir schon am nächsten Morgen vor dem immerwährenden Verkehrschaos in die afrikanische Wildnis.

Unser Ziel ist der nahe gelegene Arusha-Nationalpark, an dessen Westrand das majestätische Haupt des erloschenen Vulkans Mount Meru in den Himmel ragt – mit 4566 Metern Tansanias zweithöchster Berg. Seine einmalige Lage zwischen Kilimandscharo und Mount Meru und seine Artenvielfalt machen den Arusha-Nationalpark trotz seiner kleinen Größe von nur etwa 300 Quadratkilometern zu einem Kleinod.

Am Momella Gate am Fuße des Mount Meru begrüßt uns der junge Ranger Gideon, der uns die nächsten vier Tage zum Gipfel des Vulkans begleiten wird. Gideon trägt ein Gewehr geschultert, und ein Büffelschädel am Wegesrand beweist, dass es gelegentlich auch zum Einsatz kommt: Als sich der aggressive Bulle einer Touristengruppe näherte und sich durch einen Warnschuss nicht abschrecken ließ, musste ihn der Ranger erschießen. Wir begegnen auf unserem Marsch durch den märchenhaften Bergregen-

1 Die Massai leben im Grenzgebiet zwischen Kenia und Tansania. **2** Der Kilimandscharo vom Flugzeug aus gesehen. **3** Auf dem Markt in Arusha. **4** Der Kibo, höchster Gipfel des Kilimandscharo, zeigt sich vom Norden her besonders beeindruckend.

wald zum Glück nur friedlichen Massai-Giraffen. Von den knorrigen Ästen hängen Bartflechten, Farne und Moose. Leuchtend rote Fackellilien bilden Farbtupfen im üppigen Grün. Nach etwa fünf Stunden Fußmarsch erreichen wir die erstaunlich komfortable, in dichten Nebel gehüllte Miriakamba-Hütte auf 2500 Metern Höhe, wo wir die Nacht verbringen.

Ein matschiger Weg über hölzerne Trittstufen führt uns am nächsten Tag durch die Topela Mbogo, die Büffelsümpfe. Erst wenige Hundert Meter unterhalb der Saddle Hut auf 3570 Metern Höhe beginnt die trockenere Heidelandzone, und zum ersten Mal eröffnet sich ein atemberaubender Blick auf den Kilimandscharo im Osten. Beim Akklimatisierungsmarsch auf den Little Meru, einem Nebengipfel, erkennen wir, was uns am folgenden Tag bevorsteht: Von der Saddle Hut führt der Pfad immer entlang des westlichen Kraterrands bergauf bis zum höchsten Punkt des Vulkans. Östlich des Weges fällt die Kraterwand wie ein Kliff rund 2000 Meter steil ab. Aus dem Kratergrund ragt ein bizarrer Eruptionskegel, der Ash Cone, in die Höhe. Eine gigantische Explosion vor 250 000 Jahren führte zum Kollaps der östlichen Kraterwand des Mount Meru – Schlamm, Felsen und Lava ergossen sich damals über die östlichen Sanya Plains und formten das heutige Landschaftsbild.

Um 1.30 Uhr marschieren wir los: Der eiskalte Wind weht mit solcher Kraft, dass wir aufpassen müssen, in der stockfinsteren Nacht nicht die Kraterflanke hinuntergeblasen zu werden. Der Weg führt über Vulkanasche und losen Schotter. Erst nach fünf Stunden erreichen wir den letzten Abschnitt zum Gipfel, steil bergauf über

vereiste Steinblöcke. Endlich am Socialist Peak auf 4566 Metern Höhe angekommen, werden wir mehr als belohnt: Der Himmel verfärbt sich blutrot, während die Sonne über dem schneebedeckten Haupt des Kilimandscharo aufgeht. Beim Abstieg bietet sich eine fantastische Aussicht auf die steil abfallende Kraterwand und den 3667 Meter hohen Aschekegel – beeindruckender könnte sich ein Vulkan nicht zeigen.

Nach den anstrengenden Tagen am Berg genießen wir den Luxus in der Hatari Lodge am Rande des Arusha-Nationalparks. Die früheren Farmhäuser von Hardy Krüger, der sich bei den Dreharbeiten des Hollywood-Klassikers *Hatari* 1960 in Afrika verliebte und hier eine Fleischfabrik und die Momella Lodge aufbaute, wurden von Marlies und Jörg Gabriel wiederbelebt. Die Zimmer mit offenem Kamin sind im Retro-Stil der 1960er- und 70er-Jahre gestaltet und verbinden Nostalgie mit modernem Komfort. Beim abendlichen Beisammensein versorgt Jörg uns mit Insiderinformationen und -geschichten aus dem Safari-Alltag.

Bevor wir den Park wieder verlassen, durchfahren wir das sumpfige Gebiet der sieben stark salzhaltigen Momella-Seen. Den Big-Momella-See säumen Fieberakazien, auf den kleinen Felseninseln tummeln sich Flamingos, Kronenkraniche staksen am Ufer entlang

1 Third Cave Camp. **2** Beim Aufstieg zur letzten Hütte auf 4800 Metern. **3** Auch vom Amboseli-Nationalpark in Kenia bietet sich ein fantastischer Ausblick auf den Kilimandscharo. **4** Astrid Därr auf dem Gipfel des Kilimandscharo. **5** Abzweigung zur Hatari Lodge im Arusha-Nationalpark. **6** Die Gletscher am Kilimandscharo schmelzen immer mehr. **7** Riesensenezien sind die beeindruckendsten Vertreter der afroalpinen Vegetation.

1 So klar zeigt sich der Kilimandscharo selten. **2** Blüte des *protea kilimanscharica*: endemischer Strauch auf über 3000 Metern Höhe. **3** Die Northern Icefields am Nordgipfel des Kilimandscharo sind das größte zusammenhängende Gletscherfeld. **4** Der Arusha-Nationalpark liegt zwischen Kilimandscharo und Mount Meru. **5** Das Trekking am Mount Meru führt am Kratersee vorbei, ... **6** ... aber bis dahin ist es ein langer Weg.

und Wasserböcke ergreifen die Flucht. Büffel, Zebras und Warzenschweine grasen auf der grün überwachsenen schwarzen Vulkanerde. Momella war in der ersten Hälfte des 20. Jahrhunderts Heimat der Farmerfamilie von Margarete Trappe (1885–1957), deren Lebensgeschichte in Fernsehbeiträgen, Büchern und mit einem Film Berühmtheit erlangte.

Doch das große Ziel unserer Reise steht uns noch bevor: die Besteigung des Kilimandscharo. Nach Verlassen der Kulturzone unter 2000 Metern Höhe mit Kaffee- und Bananenplantagen holpert der Kleinbus an der Westseite des Berges hinauf zum Shira-Plateau, wo unser Marsch beginnt.

Die vulkanischen Aktivitäten im Great Rift Valley führten vor circa einer Million Jahren zur Erhebung der drei Gipfel des Kilimand-

scharo: Shira, Mawenzi und Kibo. Bis vor 500 000 Jahren waren sie noch eigenständige Berge, bis die Fläche mit Magma des ausbrechenden Kibo aufgefüllt wurde. Vom Krater des ältesten Vulkans Shira an der Westflanke des Berges sind nur noch ein paar erodierte Kliffs übrig geblieben. Vom Shira Ridge zieht sich das 3600 Meter hoch gelegene Shira-Plateau bis zum Kibo: eine wildromantische, weite Landschaft mit Erikagewächsen und Myriaden an Strohblumen (helichrysum). Beim Aufstieg aus dem Osten und Nordosten bildet der 5149 Meter hohe, zerklüftete Mawenzi die imposante Kulisse. Unvergesslich bleibt für jeden Bergsteiger sicher der endlose Marsch über die staubige, von Lavabrocken übersäte Mondlandschaft des Sattels, der den Mawenzi mit dem Kibo verbindet. Der mit 5895 Metern heute höchste Gipfel des Kilimandscharo, der Kibo, ist der jüngste aller drei Vulkane. Fumarolen in seinem Krater erinnern daran, dass er noch aktiv ist.

Unsere Route führt quer über das Shira-Plateau und dann auf dem kaum begangenen Northern Circuit rund um das Kibo-Massiv. Unser Ziel haben wir die nächsten Tage ständig im Blick: Mal in dichte Wolken gehüllt, mal im Sonnenuntergang leuchtend rot und klar zeigt sich der flache Kopf des Kibo mit seinen beeindrucken-

den Eisfeldern. Hier oben scheint meistens die Sonne, während sich unten ein Wolkenmeer ausbreitet. Darunter liegt die afrikanische Savanne – die Elefantenherden, die den Amboseli-Nationalpark im unmittelbar benachbarten Kenia durchstreifen, können wir von hier aus nur erahnen.

Jeden Tag fühlen wir uns ein bisschen fitter und besser an die Höhe angepasst. Und jeden Tag beweist uns unsere Mannschaft, dass sie die wahren Helden am Kilimandscharo sind. Nur mit Shorts, löchrigen Jeans, Gummistiefeln oder Flipflops bekleidet, bezwingen die Träger zigmal im Jahr den Berg und balancieren dabei 20 Kilogramm schwere Taschen auf dem Kopf. Sie transportieren das Reisegepäck, Zelte, Lebensmittel, Küchenmaterial und sogar Hocker und Tische zum nächsten Lagerplatz, wo die Bergsteiger gleich nach Ankunft mit einer Tasse Tee und Keksen empfangen werden. Die Köche bereiten einfache und gute Mahlzeiten zu, die uns im Messezelt von den Küchenhelfern serviert werden. Außer einen Fuß vor den anderen zu setzen, müssen wir am Berg praktisch nichts selbst erledigen. Der Kilimandscharo bietet auf diese Weise ein sicheres und gutes Verdienst für Hunderte Guides, Assistant Guides, Träger, Köche und Küchenhelfer.

Unzählige Mythen und Geschichten ranken sich um den 1989 von der UNESCO zum Weltnaturerbe ernannten Kilimandscharo. Als der deutsche Missionar Johannes Rebmann 1848 in Europa zum ersten Mal von einem schneebedeckten Berg am Äquator berichtete, erntete er nur Unglauben und Spott. Später, im Rahmen der deutschen Kolonialpolitik im damaligen Taganyika, wurde die Besteigung des Vulkans schließlich zur Staatsaufgabe. Nach mehreren Fehlversuchen gelang es dem deutschen Geografen Hans Meyer und dem österreichischen Alpinisten Ludwig Purtscheller 1889 den Berg zu bezwingen: Er taufte ihn auf den Namen »Kaiser-Wilhelm-Spitze«. Bis heute hat der Berg nichts von seiner Anziehungskraft verloren und wurde in allen Varianten bestiegen: mit Skiern, Gleitschirm, Mountainbike und sogar im Rückwärtsgang. Auf den sechs Routen Mweka, Shira, Lemosho, Machame, Umbwe und Marangu versuchen jährlich mehr als 20 000 motivierte Touristen, den höchsten Berg Afrikas zu besteigen. Die meisten wandern auf der Marangu-Route auf und ab, die wegen der guten Versorgung mit Softdrinks und der Bequemlichkeit, ausschließlich in Hütten (statt in Zelten) übernachten zu können, auch schmunzelnd als »Coca-Cola-Route« bezeichnet wird. Nach vier Tagen Marsch erreichen wir die letzte Hütte auf 4700 Metern Höhe. Hier prägen

nur noch karge Lavafelsen das Landschaftsbild einer alpinen Wüste. Unser Trinkwasser muss von kleinen Bächen weiter unten mühsam hierher transportiert werden. Nach ein paar schlaflosen Stunden im Bettenlager und ein bisschen Porridge zum Frühstück treten wir um 0.30 Uhr den Marsch zum Gipfel an. »Pole, pole!« – Immer wieder ermahnt uns unser tansanischer Guide Innocent auf Suaheli zu einem langsamen Tempo. Es ist Mitternacht, die braungraue Geröllwüste um uns herum hüllt sich in Finsternis, kein Mond scheint am schwarzen Himmel. Nur unsere Stirnlampen werfen einen schmalen Lichtkegel auf die Vulkanasche unter unseren Füßen, die so fein ist, dass wir bei jedem Schritt aufwärts wieder einen halben zurückrutschen. Im Zickzackkurs führt der Pfad steil bergauf zum Kraterrand des Kibo. Der Weg scheint endlos, beim Blick nach oben erkennen wir nur die lange Lichterkette der Bergsteiger über uns. In der eisigen Kälte von etwa minus zehn Grad Celsius rasten wir nur für wenige Minuten: ein Schluck Tee aus der Thermoskanne, einmal in den Energieriegel beißen, tief durchatmen und weiter. In dieser Höhe heißt es endgültig, alle aus Europa mitgebrachte Hektik abzulegen. Als müssten wir das Laufen neu erlernen, setzen wir in Zeitlupe und in winzigen Schritten einen Fuß vor den anderen. Ein zu schneller Gang wird sofort mit

1 Märchenhafter Nebelwald bedeckt die unteren Hänge des Mount Meru.
2 Abstieg vom Gipfel des Mount Meru entlang des mehr als 1000 Meter abfallenden Kraterrandes ... **3** ... mit grandiosem Ausblick auf den Ash Cone im Krater. **4** Zebras und Giraffen weiden im Arusha-Nationalpark.
5 Die Hatari Lodge wird regelmäßig von Wildtieren besucht, die man vom Steg aus beobachten kann.

Atemnot und Herzrasen bestraft. Ein langsames Tempo und viel Flüssigkeit sind auch die einzigen Mittel, um Höhenbeschwerden wie Kopfschmerzen und Übelkeit sowie ein lebensgefährliches Hirn- oder Lungenödem zu vermeiden.

Nach etwa fünf Stunden Marsch, pünktlich zum Sonnenaufgang, erreichen wir atemlos den Gillmans Point, den Kraterrand auf 5715 Metern Höhe. Ein glühender Feuerball steigt am Himmel empor und beleuchtet die zackige Silhouette des Mawenzi am westlichen Horizont. Endlich reicht der Blick über den Strahl der Stirnlampe hinaus: vor uns der Mawenzi, hinter uns der Krater, rechts der felsige Weg entlang des Kraterrandes zum Uhuru Peak und links das erste breite, strahlend weiße Stufengletscherfeld. Ab hier gilt der Kilimandscharo offiziell als bezwungen. Aber bis zum höchsten Punkt des Kibo, dem Uhuru Peak, steht ein anstrengen-

1 Die Hatari Lodge befindet sich in fantastischer Lage am Fuße des nach Osten hin offenen Kraters des Mount Meru. **2** und **3** Sie vereint Komfort und Stil mit Ausblicken auf Mount Meru und Kilimandscharo. **4** »Hatari!« bedeutet Gefahr – aber die droht nicht von Giraffen. **5** Auf Pirschfahrt zu den Momella-Seen. **6** Zu Diensten: Kellnerinnen in der Hatari Lodge.

der Marsch entlang des Kraterrandes bevor. Die südlichen Eisfelder, die wir auf dem Weg zum Uhuru Peak passieren, haben immer noch beeindruckende Ausmaße. Kaum zu glauben, dass die weiße Kappe des Kilimandscharo seit 1912 um etwa 75 Prozent schrumpfte – ob die Erwärmung der Erdatmosphäre dafür verantwortlich ist, konnte noch nicht bewiesen werden. Sicher ist jedoch, dass sinkende jährliche Niederschläge in den letzten Jahrzehnten die Bildung neuen Eises reduzierte. Viele Flüsse werden vom Wasser des Kilimandscharo, gespeichert in den Gletschern und den Wäldern der unteren Lagen, gespeist – mit dem Verschwinden der Gletscher, den zurückgehenden Regenfällen und der Abholzung der Wälder an den Bergflanken ist die Wasserversorgung eines ganzen Landstrichs gefährdet. Manche Wissenschaftler prophezeien bis 2020 einen eisfreien Kilimandscharo.

Nach einer endlos erscheinenden Stunde Marsch erreichen wir endlich das Ziel all unserer Anstrengungen: das hölzerne, mit Aufklebern, Graffiti und tibetischen Gebetsfahnen dekorierte Holzschild »Uhuru Peak, Tanzania, 5895 m – Africa's Highest Point«.

Zeit für Arusha-Nationalpark und Kilimandscharo

Anreise/Lage

Flug: Mit KLM oder Ethiopian Airlines (über Nairobi) zum Kilimanjaro International Airport zwischen Moshi und Arusha.
Straße: Der Arusha-Nationalpark liegt 32 km von Arusha und 40 km vom Kilimanjaro International Airport entfernt.

Beste Reisezeit

Für eine Kilimandscharo-Besteigung ist die warme, trockene Zeit zwischen Januar und März am besten geeignet. Auch der kühlere Juli und August sind angenehme Monate; die Regenzeiten von März bis Mai sowie November/Dezember sind eher ungeeignet.

Sehen und erleben

Für die Bezwingung des höchsten Berges Afrikas ist eine intensive Vorbereitung unumgänglich. Vor allem eine gute Höhen-Akklimatisation ist lebensnotwendig. Der **Kilimandscharo** darf nur in Begleitung eines lokalen Bergführers und mit Trägern bestiegen werden. Die meistbegangene **Marangu-Route** beginnt an der Südostseite des Berges. Auch für die **Besteigung des Mount Meru** müssen ein Führer, Träger sowie ein bewaffneter Ranger engagiert werden.

Unterkunft

Hatari Lodge, Arusha-Nationalpark, Tel. 00255-27-2553456/7, Fax 00255-27-2553458, www.hatarilodge.com, reservation@theafricanembassy.com, DZ mit Kamin 250 US-$ inkl. Vollpension.
Moivaro Coffee Lodge, 7 km von Arusha, Tel. 00255-27-2553242, Fax 00255-27-2553243, www.moivaro.com, DZ ca. 125 US-$.

Eintrittspreise

Bei der Besteigung des Kilimandscharo erhalten Träger 10 US-$/Tag, ein Koch 15 US-$/Tag und der lokale Bergführer 20 US-$/Tag. Dazu kommen Trinkgelder und Nationalparkgebühren: für den Kilimandscharo 60 US-$/Tag, für den Arusha-Nationalpark 35 US-$/Tag.

Aktivitäten

Mindestens **fünf Tage dauernde Besteigung des Uhuru Peak, Kilimandscharo** (5895 m).
Viertägige **Besteigung des Mount Meru,** Arusha-Nationalpark (4566 m).
Game Drives im Arusha-Nationalpark.

Information

Tanzania National Parks Authority, P.O. Box 3134, Arusha, Tanzania, Tel. 00255-272-503471, www.tanzaniaparks.com, info@tanzaniaparks.com,
www.tanzaniatouristboard.com: Infos des tansanischen Tourismusamtes

Doch lange halten wir es hier nicht aus: Die Erschöpfung, die Kälte, das Schwindelgefühl und die intensive, brennende UV-Strahlung in dieser Höhe zwingen uns nach dem obligatorischen Gipfelfoto zum schnellen Abstieg.

Into the Wild
Selous Game Reserve: Wasserlabyrinth am Rufiji River

Im schwer zugänglichen, wenig besuchten Selous Game Reserve im Süden Tansanias erlebt man Afrika noch menschenleer und wild. Das mit 50 000 Quadratkilometern größte Tierreservat des Kontinents durchzieht das Delta des Rufiji River.

Das 1922 von der britischen Mandatsverwaltung gegründete Selous Game Reserve bildet mit den angrenzenden Mikumi-Nationalpark, Kilombero Game Area und Udzungwa-Mountains-Nationalpark das größte Schutzgebiet Afrikas. Einheimische nennen es Porini – das bedeutet »Wildnis« oder »Buschland« auf Kisuaheli. Hier, abseits jeglicher Zivilisation und Touristenmassen, gibt es keine befestigten Straßen, keine Menschen, keinen Strom, keine Curio Shops. Beim *game drive* scharen sich nicht Dutzende Safari-Fahrzeuge um ein Löwenrudel wie etwa in der Massai Mara oder im Ngorongoro Crater. Keine Schilder weisen den Weg zum Reservat, es existiert keine Informationsbroschüre und kein Kartenmaterial. Die Savannenlandschaft um den Rufiji River war wegen der weiten Verbreitung der Tsetsefliege, die Rinderseuchen und die Schlafkrankheit überträgt, noch nie viel besiedelt. Die wenigen Pisten im Selous Game Reserve entstanden in den 1980er-Jahren, als man hier Öl vermutete.

Das Reservat trägt den Namen des britischen Trophäenjägers Frederick Courteney Selous, der Anfang des 20. Jahrhunderts u.a. im Gebiet des heutigen Reservats Großwildjagden für die feine europäische Gesellschaft organisierte. Noch mit über 60 Jahren meldete er sich bei Ausbruch des Ersten Weltkriegs als Freiwilliger im Kampf gegen die deutsche kaiserliche Schutztruppe unter General von Lettow-Vorbeck. Bei tagelangen Gefechten am Fuße der Beho Beho Hills (670 m) im Norden des Reservats wurde er 1917 erschossen. Auf dem ehemaligen Schlachtfeld mitten in der Wildnis befindet sich noch heute das Grab von Selous, der nach dem Krieg dem neuen Schutzgebiet seinen Namen verlieh.

Etwa 90 Prozent des Reservats sind in Form von mehreren Konzessionsgebieten für die Jagd reserviert. Die professionelle Großwildjagd bringt jährlich mehr als zwei Millionen US-Dollar in die Kasse, ein Teil davon dient der Finanzierung von kommunalen Einrichtungen wie Schulen und Krankenstationen sowie der Erhaltung des Schutzgebiets. Touristen dürfen nur das Gebiet nördlich des Great

1 und **4** Nur durch ein Moskitonetz von der Wildnis getrennt: im luxuriösen Zeltzimmer des Selous Safari Camp. **2** Eine Flussfahrt auf dem Rufiji River gehört zu den schönsten Erlebnissen im Selous Game Reserve. **3** Elefanten tummeln sich am Fluss.

1 Das Selous Camp liegt direkt am Rufiji River mitten im Selous Game Reserve. **2** Abends herrscht romantische Stimmung im Camp, das über einen Generator mit Strom versorgt wird. **3** Buschpicknick am Flussufer.

Ruaha und Rufiji River besuchen. Obwohl wesentlich kleiner, reicht der sogenannte *photographic sector* vollkommen aus, um für einige Tage in die totale Wildnis zu verschwinden. Für Individualreisende mit eigenem Fahrzeug entwickelt sich schon die Anreise zum Abenteuer: In Kibiti, 130 Kilometer südlich von Daressalam, endet die Teerstraße und holprige Pisten führen nach Westen ins Hinterland. Hier endet jeglicher Verkehr, nur noch ein paar Radfahrer transportieren Wasser und Lebensmittel zwischen den Lehmhüttendörfern. Die 110 Kilometer auf sandiger Piste bis zum Mtemere Gate, dem Eingangstor zum Selous Game Reserve, erfordern mehrere Stunden Fahrzeit. Wer von Norden, von Morogoro, über das Matambwe Gate ins Reservat fährt, muss mit noch schlechterer Piste rechnen. Doch spätestens nach Ankunft im Selous Safari Camp ist beim Ausblick auf den Nzelakela-See, mit einem Welcome Drink in der Hand, die strapaziöse Anfahrt vergessen. Die Gäste erwartet eine Luxusoase mitten im afrikanischen Busch, die über die Luft und einmal monatlich per Lkw versorgt wird. Das stilvoll kolonial-afrikanisch gestaltete Restaurant mit Bar und die Polsterecke mit Bibliothek thronen in einem Pfahlbau über den Baumwipfeln – das angenehme Lüftchen hier oben bietet tagsüber Erholung von der schwülen Hitze in Bodennähe. Die geräumigen, auf eine Holzplattform gebauten Canvas-Safarizelte schützt ein Makoti-Dach aus geflochtenen Palmmatten vor Regen. Von der Veranda blickt man über das Ufer auf die rosa-bräunliche Wasseroberfläche – nachts kommen die Flusspferde zum Grasen bis direkt vor die Terrasse. Durch die Zeltwand aus Moskitonetz kann man selbst von Bad und

Bett den umliegenden Busch beobachten. Nur das Plätschern des Flusses, das leise Rauschen der Bäume, Vogelgezwitscher und das regelmäßige Grunzen der Hippos dringt ans Ohr. Und nach Sonnenuntergang raubt ein besonderes Orchester den Schlaf: Unzählige Frösche mit ihrem blubbernden und knackenden Gequake und zirpende Grillen veranstalten ein Konzert im Busch.

Bei verschiedenen Aktivitäten bietet sich die Gelegenheit, das Reservat kennenzulernen: Absolutes Highlight ist eine vierstündige Bootstour im weitverzweigten Flusssystem des Rufiji River. Bei der Fahrt durch das Wasserlabyrinth zeigen sich Landschaft und Tierwelt aus einer besonderen Perspektive. Charakteristische, bis zu 25 Meter hohe Borassus-Palmen mit grauem Stamm und breiten Wedeln säumen das Ufer. Krokodile verschwinden von den Sandbänken fast lautlos in den Fluss, Nilpferde heben den Kopf aus dem Wasser und beobachten das Boot. In schmalen, in die sandige Uferböschung gebauten Tunneln nisten Graufischer-Kolonien *(pied kingfisher)*. Auf einer kleinen Insel sitzen Sattelstörche und Reiher. Mit etwas Glück kann man sogar beobachten, wie Elefanten den Fluss zum anderen Ufer durchschwimmen.

Der Rufiji River mit seinen Zuflüssen Great Ruaha, Luwego, Kilombero und Luhombero bildet das Herz des Selous Game Reserve, das seit 1982 von der UNESCO als World Heritage Site geführt wird. An den fünf Seen Tagalala, Manze, Nzelakela, Siwandu und Mzizima, die untereinander und mit dem Rufiji River verbunden sind, wurden mehr als 400 Vogelarten gezählt. Im Hinterland dominiert dichter Miombo-Wald, eine trockene, für große Teile des südlichen und westlichen Tansania charakteristische Baumsavanne. Die Brachystegia-Baumarten des Miombo verlieren in der Trockenzeit ihr Laub, während des Wachstums zwischen Juni und August nehmen die Blätter von Rot bis zum satten Grün unter-

schiedliche Farbtöne an. Die Tierbeobachtung jenseits des Rufiji River ist wegen der dichten Vegetation häufig schwierig – am besten man unternimmt eine Walking Safari in Begleitung eines erfahrenen Rangers von der Lodge. Er verfolgt selbst die kleinste Spur und erkennt die Schwanzspitze eines Wildhundes aus Hunderten Metern Entfernung. Die besten Beobachtungsmöglichkeiten bieten sich in der Trockenzeit zwischen Juni und November. Trotz massiver Wilderei in den 1980er-Jahren leben in dieser schwer zugänglichen Wildnis noch heute die größten Populationen an Elefanten, Büffeln, Krokodilen, Hippos und Afrikanischen Wildhunden in Ostafrika. Die geschätzten 67 000 Elefanten (1976 waren es noch 110 000!) migrieren in einem Korridor zwischen dem Selous und dem Niassa Game Reserve in Mosambik. Auch Giraffen, Zebras, Geparden, Spitzmaulnashörner und Gnus leben im Park. Mit viel Glück bekommt man eine Säbel- oder Pukuantilope zwischen den Bäumen zu Gesicht. Den wenig scheuen Löwen möchte man in Selous nicht zu nahe kommen: In der Provinz Lindi am Ostrand des Reservats dringen die Menschen mit ihren Hütten und Feldern immer weiter in Löwengebiet vor, dort kommt es relativ häufig zu Attacken. Besonders gefährdet sind Bauern, die nachts ihre Felder vor Zerstörungen durch Buschschweine oder Elefanten bewachen. Offenbar haben sich einige Löwen sogar auf Menschenfleisch spezialisiert und vereinzelt über 30 Menschen getötet. Diese nähern sich den Dörfern ohne Scheu, die Einwohner nennen sie *du-dus* oder – zeitgemäß – *Osamas*. Um nicht die illegale Jagd auf Löwen zu rechtfertigen, wird das Problem von Naturschützern bisher kaum thematisiert. Obwohl die lokalen Wildlife Manager an einer Lösung arbeiten, die Menschen und Tiere schützt, bleibt dennoch manchmal keine andere Wahl, als menschentötende Löwen zu erschießen.

Zeit für Selous

Anreise/Lage

Das Selous Game Reserve liegt im südöstlichen Tiefland Tansanias.
Flug: Mit British Airways, KLM, Emirates u.a. nach Daressalam. Coastal Travel (www.coastal.cc) und Zan Air (www.zanair.com) fliegen die Camps im Park an.
Zug: Mit der Ta-Za-Ra-Eisenbahn (Tanzania Zambia Railways Authority) von Daressalam zum Bahnhof Kinyanguru, Fuga oder Matambwe im Park.

Straße: Pisten zum und im Park nur mit 4x4 befahrbar und teilweise in einem schlechten Zustand. Anfahrt von Daressalam über Kibiti von Osten oder von Morogoro von Norden möglich.

Beste Reisezeit

Ganzjährig außer zur großen Regenzeit von Mitte März bis Ende Mai (Camps geschlossen, Pisten unpassierbar).
In der Trockenzeit von Juni bis Oktober beste Tierbeobachtungschancen an den Seen und am Fluss.

Sehen und erleben

Unberührte Wildnis im größten Wildschutzgebiet Afrikas und **UNESCO-Weltnaturerbe** mit dem **Binnendelta des Rufiji River.**

Unterkunft

Selous Safari Camp, das Camp liegt im Park direkt am Fluss:

The Selous Safari Company, P.O. Box 1192, Daressalam, Tel. 00255-22-212845, www.selous.com, reservations@selous.com

Eintrittspreise

Erwachsene 30 US-$/Tag, ausländische Kfz 30 US-$/Tag.

Aktivitäten

Bootsfahrten im **Binnendelta des Rufiji.**
Pirschfahrten im jagdfreien, nördlichen Sektor des Parks.
Halb- bis mehrtägige Wandersafaris.

Information

www.tanzaniatouristboard.com: Infos des tansanischen Tourismusamtes

Verborgene Rift-Valley-Seen
Lake Manyara und Lake Eyasi: Wildtiere und Buschmänner

Die meisten Safari-Touristen lassen den Lake Manyara und den Lake Eyasi auf ihrem Weg zur wesentlich bekannteren Ngorongoro Crater Conservation Area links liegen. Doch die Sodaseen im nördlichen Rift Valley haben nicht nur eine artenreiche Flora und Fauna zu bieten, dort lebt auch das bedrohte Buschmannvolk der Hadzabe.

Etwa zwei Stunden Autofahrt westlich von Arusha entfernt liegt die tansanische Kleinstadt mit dem unaussprechlichen Namen Mto Wa Mbu zwischen Palmen und Fieberakazien. Außer von fliegenden Händlern, die Massai-Souvenirs und rote Bananen verkaufen, belagern die Straße Horden von Pavianen. Im Umkreis des Eingangstors zum Lake-Manyara-Nationalpark am Rande der Stadt lauern sie unbedarften Touristen auf, die ihnen – freiwillig oder unfreiwillig – einen Teil ihres Lunch-Pakets überlassen.

Der 330 Quadratmeter große Lake-Manyara-Nationalpark erhielt seinen Namen nach einer in der Sprache der Massai *emanyara* genannten Euphorbienart. Zwischen dem sodahaltigen See und der 400 Meter steil abfallenden Grabenwand des Rift Valley ist das Schutzgebiet durchschnittlich nur vier Kilometer breit und erstreckt sich auf einer Länge von 35 Kilometern. Der Lake Manyara, der zwischen August und November weitgehend austrocknet, nimmt zwei Drittel der Parkfläche ein. Außerhalb der Trockenzeit wirkt der Park im Vergleich zum staubigen Umfeld des Lake Natron oder Lake Eyasi geradezu tropisch: Grassavanne und Wald mit Schirmakazien, Mahagoni, Tamarind, Leberwurstbäumen und einzelnen Baobabs bestimmen das Landschaftsbild. Zur Regenzeit verwandeln sich große Teile des Schutzgebiets in Sumpf und reißende Ströme überschwemmen die Pisten. Trotz seiner begrenzten Größe bietet der Park nicht nur eine Vielfalt an Pflanzen, sondern auch eine beeindruckende Tierwelt. Im Uferbereich des Sees tummeln sich große Schwärme an Wasservögeln, darunter Zwerg- und Rosaflamingos, Pelikane und Kormorane u.a. In der Baumsavanne leben neben Affen, Giraffen, Zebras, Warzenschweinen, Wasser- und Buschböcken auch die kuriosen »Baumlöwen«. Diese klettern entgegen der Gewohnheiten ihrer Artgenossen in anderen Gebieten bis hoch in die Krone einer Akazie – eine Theorie geht davon aus, dass sie vor der Tsetsefliege in höhere

1 Hadzabe-Buschmänner präparieren Giftpfeile. 2 Das romantische Kisima Ngeda Tented Camp im Doumpalmenwald am Lake Eyasi. 3 Heiße Quellen zeugen von vulkanischer Aktivität. 4 Der Lake Manyara liegt am Rande des Ngorongoro-Hochlands im Rift Valley.

1 Ein lauschiges Plätzchen am natürlichen Pool des Kisima Ngeda Tented Camp am Lake Eyasi. 2 und 3 Die Suiten der Lake Manyara Tree Lodge sind in die Wipfel von Mahagonibäumen am Seeufer gebaut.

Lagen flüchten. Den Elefantenherden bietet der Park nicht genug Aktionsradius, sie verirren sich zur Freude der Touristen auch mal auf die Teerstraße Richtung Ngorongoro Crater ...

Die heißen Quellen Majo Moto Kubwa am Südende des Parks zeugen von der anhaltenden vulkanischen Aktivität im Afrikanischen Grabenbruch. Nahe den Quellen kann man es in der luxuriösen Lake Manyara Tree Lodge den Löwen gleich tun: Hier wohnt man in Stelzenhäusern zwischen den Baumwipfeln.

Eine Piste aus feinstem Staub führt von Karatu an der Ngorongoro-Straße in Richtung Westen zum größten See im nördlichen Rift Valley, dem Lake Eyasi. Unmittelbar nördlich des etwa 80 Kilometer langen Sees erhebt sich die 900 Meter hohe Grabenwand hinauf zum vulkanischen Ngorongoro-Hochland. Bei der Fahrt durch die in der Trockenzeit völlig verdorrte Dornsavanne erscheint es unmöglich, dass sich in dieser Landschaft ein See befindet – und ebenso unerwartet erreicht man plötzlich einen

paradiesischen Wald aus Doumpalmen und Fieberakazien am Ostufer des Sees. In dieser Oase verbirgt sich das Kisima Ngeda Tented Camp mit drei wilden Buschcampingplätzen, rustikalen Safari-Zelten und einem glasklaren Naturpool zwischen Schilf und Palmen. In der glühend heißen Trockenzeit zieht sich der nur wenige Meter tiefe, alkalische Eyasi-See so weit zurück, dass man endlos über die ausgetrocknete Ebene spazieren kann, ohne bis zum Wasser vorzudringen. Nach der Regenzeit zeigt sich der See dagegen in einem völlig anderen Bild: Dann reicht das Wasser unmittelbar bis zum Camp, und von der Terrasse lassen sich mit dem Spektiv eine Vielzahl an Vögeln im Schilf und am Ufer beobachten. Flamingos und Pelikane schwimmen im Wasser und ergreifen die Flucht, wenn ihnen ein Spaziergänger zu nahe kommt. Horden von Grünen Meerkatzen, die die rötlichen, runden Früchte der Doumpalmen abnagen, durchstreifen den Wald. Außer den wilden Tieren ziehen auch die Menschen der umliegenden Dörfer mit ihren Kuhherden durch das Gelände des Kisima Ngeda Tented Camps. Neben zugewanderten Bantu-Völkern lebt in dieser kaum bekannten Region das letzte Buschmannvolk Ostafrikas: die Hadzabe mit nur noch etwa 1500 Angehörigen. Im Gegensatz zu ihren

Zeit für Lake Manyara und Lake Eyasi

Anreise/Lage

Der Manyara-Nationalpark mit dem Lake Manyara sowie der Lake Eyasi liegen im Großen Ostafrikanischen Grabenbruch im Norden Tansanias.
Flug: Mit KLM über Amsterdam und Nairobi zum Kilimanjaro International Airport bei Moshi.
Straße: Von Arusha bis Mto Wa Mbu (Eingang Manyara-Nationalpark) und Karatu gute Teerstraße (115 bzw. 140 km). 8 km hinter Karatu zweigt eine sehr staubige bzw. bei Nässe schlammige Piste zum Lake Eyasi ab (nur mit 4x4, 54 km).

Beste Reisezeit

Ganzjährig, Regenzeiten im November/Mitte Dezember sowie März bis Mai. Am grünsten ist es zwischen den Regenzeiten. Zur Regenzeit sind diverse Pisten unpassierbar. Von Juli bis Oktober führen die Seen Eyasi und Manyara nur sehr wenig Wasser (schlechtere Beobachtungsmöglichkeiten, sehr trockene Landschaft).

Sehen und erleben

Vogel- und Wildtierbeobachtungen am Lake Manyara und Lake Eyasi am Abbruch des gewaltigen Rift Valley.
Begegnung mit dem Buschmannvolk der Hadzabe am Lake Eyasi.

Unterkunft

Kisima Ngeda Tented Camp von Chris und Nani Schmeling am Ostufer des Lake Eyasi, P.O. Box 2590, Arusha, www.kisimangeda.com, reservations@kisimangeda.com
Lake Manyara Tree Lodge im Lake-Manyara-Nationalpark, &Beyond Africa, South Africa, Tel. 0027-11-8094300, Fax 0027-11-8094400, www.andbeyond.com, safaris@andbeyond.com; ab 625 US-$ pro Pers./Nacht alles inklusive.

Eintrittspreise

Erwachsene 35 US-$/Tag, ausländische Kfz 40 US-$/Tag.

Aktivitäten

Pirschfahrten im Lake-Manyara-Nationalpark.
Besuch bei den und **Jagd mit den Hadzabe-Buschmännern** am Lake Eyasi.
Wanderungen am Ufer des Lake Eyasi.

Information

Tanzania National Parks Authority, P.O. Box 3134, Arusha, Tanzania, Tel. 00255-272-503471, www.tanzaniaparks.com, www.tanzaniaparks.com, info@tanzaniaparks.com; www.tanzaniatouristboard.com: Infos des tansanischen Tourismusamtes

Nachbarn betreiben sie weder Ackerbau noch Viehzucht, sondern ernähren sich ausschließlich vom Jagen und Sammeln. Interessierte Touristen können eines der mobilen Hadzabe-Lager aus runden Grashütten besuchen und die archaische Lebensweise dieses Volkes kennenlernen. Ein unvergessliches Erlebnis ist es, die muskulösen, kleinen Männer mit dem charakteristischen Popcorn-Haar bei der frühmorgendlichen Jagd zu begleiten. Nur mit zerschlissenen Shorts und ein paar Perlenketten bekleidet, bewaffnet mit einem großen Bogen und vergifteten Holzpfeilen, pirschen sie barfuß durch den Busch. Sobald einer der Männer ein Buschbaby oder einen Vogel erspäht, beginnt von mehreren Seiten die systematische Jagd mit Pfeil und Bogen. Mit dem noch zappelnden Tier an der Gürtelschlaufe geht es anschließend weiter, um Wurzeln auszugraben und Perlhuhn-Eier zu plündern. Zurück im Lager wartet die Familie auf das Frühstück: Sofort rösten die Frauen die erlegten Buschbabys mit Haut und Haaren auf dem Feuer und kochen die Eier für die Kinder. Für die meisten Europäer ist es kaum nachvollziehbar, wie es dieses Volk zwischen den Feldern und Ziegen ihrer Nachbarn geschafft hat, seine traditionelle Lebensweise bis heute beizubehalten.

Bergland der Massai
Ngorongoro Crater, Lake Natron und Ol Doinyo Lengai

Der Ngorongoro-Krater im Norden Tansanias gehört zu den bekanntesten Wildlife-Destinationen Afrikas. Nicht nur Tausende Wildtiere, sondern auch die Massai durchziehen mit ihren Rindern das zum UNESCO-Weltnaturerbe ernannte Hochland mit Vulkanen, Savannen, Seen, Wäldern und Sümpfen. Nördlich des Schutzgebiets überragt der aktive Vulkan Ol Doinyo Lengai den Lake Natron in der Senke des Ostafrikanischen Grabenbruchs.

Als Bernhard Grzimek und sein Sohn Michael in den 1950er-Jahren mit ihrem zebragestreiften Kleinflugzeug von Deutschland bis nach Tansania flogen und eine Hütte mitten im Ngorongoro-Krater einrichteten, war der größte natürliche Zoo der Welt in der Caldera eines erloschenen Vulkans beinahe dem Tode geweiht. Europäische und amerikanische Großwildjäger jagten Trophäen von Löwen und Elefanten nach, Wilderer verteilten Tausende Drahtschlingen in der Savanne, und die wachsenden Rinderherden der Massai traten zunehmend in Nahrungskonkurrenz zu den Wildtieren. Die Grzimeks machten es sich zur Aufgabe, diesen einzigartigen Lebensraum zu retten. Nach Jahren unermüdlicher Forschung in der Serengeti und im Ngorongoro-Krater stürzte Michael Grzimek 1959 nach einer Kollision mit einem Gänsegeier im Krater ab. Sein Grabstein mit der Inschrift »Er gab alles, was er hatte, sogar sein Leben, um die wilden Tiere Afrikas zu schützen« am südlichen Kraterrand ehrt noch heute sein Lebenswerk. Nach Michaels Tod machte Bernhard Grzimek mit dem unvergessenen Dokumentarfilm *Serengeti darf nicht sterben*, der 1962 einen Oscar gewann, die Weltöffentlichkeit auf den drohenden Untergang der afrikanischen Tierwelt aufmerksam.

Dank des jahrzehntelangen Engagements der Grzimeks und der Frankfurter Zoologischen Gesellschaft zählt das 8350 Quadratkilometer große Reservat am Westrand des Ostafrikanischen Grabenbruchs heute zu den bekanntesten Wildlife-Destinationen weltweit und steht als Weltnaturerbe unter dem Schutz der UNESCO. Die Ngorongoro Conservation Area entstand im Jahr 1959 durch die Aufteilung des Serengeti-Nationalparks in zwei Hälften. Der östliche Teil, das heutige Ngorongoro-Schutzgebiet, darf von den Massai als Weidefläche für ihr Vieh genutzt werden. Die Massai teilen sich das grüne Grasland des Ngorongoro-Hochlands mit den Wild-

1 Paviane leben in Gruppen von bis zu 100 Affen zusammen. **2** Ol Doinyo Lengai, der heilige Berg der Massai. **3** Ein Vogel Strauß genießt das üppige Grün zur Regenzeit. **4** Von der Ngorongoro Crater Lodge bietet sich ein einmaliger Ausblick auf die Caldera.

tieren und -pflanzen – ein einzigartiges Pionierprojekt, denn ein Nationalpark schließt sonst jeglichen menschlichen Einfluss aus. Heute leben rund 40 000 Massai mit ihren Rindern, Schafen und Eseln in umzäunten *bomas* mit kuhdungverputzten Rundhütten im Einklang mit der Natur innerhalb des Schutzgebietes. Nur die Krater des Empakai und Ngorongoro sind ausschließlich den Wildtieren vorbehalten. Neben Viehzucht und einem begrenzten Ausmaß an Ackerbau profitieren die halbnomadisierenden Viehzüchter vor allem vom Tourismus: Beim Besuch der *seneto cultural boma*, einem traditionellen Kral am Westrand des Kraters, wird ein satter Eintrittspreis verlangt und an den Abfahrtspisten in den Krater verkaufen mit Perlenketten, Ohrringen und Speeren dekorierte Massai selbst gefertigten Schmuck an Safari-Touristen – natürlich muss für jedes Foto von den Bilderbuchkriegern bezahlt werden.
Die meisten Touristen reisen heute in etwa drei Stunden Fahrzeit aus Nordtansanias Safari-Hauptstadt Arusha in die Ngorongoro Conservation Area an. Bei Mto Wa Mbu am Lake Manyara (vgl. Kapitel »Verborgene Rift-Valley-Seen«, S. 46) verlässt die Straße das Rift Valley und schlängelt sich den mit mächtigen Baobabs bestandenen Steilabbruch hinauf ins Ngorongoro-Hochland. Nur wenige Kilometer vor dem Lodoare Gate ins Schutzgebiet liegt das

Ngorongoro Farm House auf dem Gelände einer Kaffeefarm. Die stilvoll afrikanisch eingerichteten Bungalows verteilen sich im üppigen tropischen Garten mit Blick auf den Oldeani-Vulkan. Die Zutaten für das Abendessen unter dem hohen Reetdach des ganz im kolonialen Stil gehaltenen Hauptgebäudes stammen aus dem eigenen Gemüsegarten. Die Lodge ist ein idealer Ausgangspunkt für Safaris, mit dem Vorteil, dass man bei einer Übernachtung außerhalb des Schutzgebiets nur für die tatsächlichen Besuchstage im Park Eintrittsgebühren bezahlt.
Vom Lodoare Gate führt eine schlammige Erdpiste durch mit Lianen und Epiphyten behangenen montanen Feuchtwald bergauf zur südlichen Abbruchkante des Ngorongoro-Kraters auf 2280 Metern Höhe. Von dort bietet sich mit etwas Glück ein erster fantastischer Ausblick auf die gewaltige Caldera – oft hängt jedoch der Nebel wie eine riesige Walze von Süden über dem Kraterrand, sodass man nur ins weiße Nichts blickt. Besser stehen die Panorama-Chancen auf der Westseite, wo sich die Ngorongoro Crater Lodge in dramatischer Lage direkt am Kraterrand befindet. Die außergewöhnliche Architektur der Lodge steht unter dem Motto »Masai meets Versailles«: Die auf drei Camps verteilten, auf Stelzen gebauten Suiten mit Reetdach ähneln von außen einer Massai-

Hütte und überraschen im Interieur mit barocken Antiquitäten, vergoldeten Spiegeln, Lüstern und Ledersesseln. Große Panoramafenster geben bei klarem Wetter einen atemberaubenden Blick auf den Kraterkessel frei.

1 Die Massai leben in mit Kuhdung verputzten Hütten in der Ngorongoro Conservation Area. **2** Sie sind halbnomadisierende Viehzüchter. **3** Frauen verkaufen handgefertigten Perlenschmuck an Touristen. **4** In Kalebassen wird Kuhmilch aufbewahrt. **5** Junge Massai-Krieger vor dem Berg der Göttin Engai, dem Vulkan Ol Doinyo Lengai.

Ebenfalls von der Westseite führt die Seneto Descent Road die 600 Meter hohe, mit mächtigen Kandelabereuphorbien bewachsene Abbruchkante hinab in den Kraterboden. Je nach Jahreszeit zeigt sich die Landschaft dort von einer anderen Seite: Zur Trockenzeit ist vom Sodasee Magadi im Zentrum des Kraters nur noch eine breite Salzkruste erkennbar, das Savannengras ist abgefressen und gelb. Nach längeren Regenfällen zwischen November und Mai verwandelt sich der Krater dagegen in eine üppige, grüne Weide voller grasender Tiere.

Der 23 Kilometer breite Ngorongoro-Krater entstand vor rund 2,5 Millionen Jahren beim Ausbruch eines riesigen Vulkans, der wahrscheinlich sogar den Kilimandscharo überragte. Nach der Eruption kollabierte der Gipfelaufbau und zurück blieb die mit 264 Quadratkilometern Fläche größte intakte Caldera der Welt – und mit bis zu 25 000 Großtieren, die heute permanent im Ngorongoro-Krater leben, auch der größte Zoo der Welt. Wohl in keinem Schutzgebiet

1 Im aktiven Krater des Ol Doinyo Lengai. **2** Im Lerai Forest, Ngorongoro Crater. **3** Grandioser Ausblick auf die Savanne beim Abstieg vom Ol Doinyo Lengai. **4** Stilvolle Unterkunft am Rande des Reservats: im Ngorongoro Farm House. **5** *Hippo pool* und Picknickplatz im Ngorongoro Crater.

Afrikas findet man auf dieser von den steilen Kraterwänden begrenzten Fläche eine solche Tierdichte: Löwen strecken sich auf der Piste aus, Elefanten, Büffel, Zebras, Gnuherden, Grant- und Thomsongazellen marschieren übers weite Grasland, Flusspferde suhlen sich im Hippo Pool, riesige Schwärme an Zwerg- und Rosaflamingos staksen durch den Lake Magadi, Schakale und Hyänen schleichen auf der Lauer nach Beute umher. Neben den Tieren gehören jedoch auch die Safari-Fahrzeuge zum Bild des Kraters: Bis zu 150 Autos gleichzeitig kurven auf dem Pistennetz herum. Die Löwen sind so an die Toyotas gewöhnt, dass sie sich auf der Suche nach Schatten sogar unters Auto legen. Kurioserweise gibt es im Krater nur Elefantenbullen und keine Impalas oder Giraffen – für sie scheint der Abstieg über die Abbruchkante zu schwierig. Neben der Savanne und dem Sodasee Magadi bietet auch der

Lerai Forest einen speziellen Lebensraum im Kessel: Zwischen den leuchtend grüngelben Stämmen der Fieberakazien tummeln sich Pavianhorden, Grüne Meerkatzen, Wasser- und Buschböcke. Mit geübtem Auge besteht hier die Chance, einen Leoparden oder – mit viel Glück – sogar eines der seltenen Spitzmaulnashörner zu entdecken. In den 1960er-Jahren lebten noch etwa 100 *black rhinos* im Ngorongoro-Krater, wegen der massiven Wilderei in den darauffolgenden Jahrzehnten blieben bis heute nur noch 16 übrig. Die Frankfurter Zoologische Gesellschaft stellte daher in Zusammenarbeit mit der Ngorongoro Conservation Area Authority ein Schutzprogramm auf die Beine, bei dem Ranger jedes (auf einen eigenen Namen getaufte) Tier rund um die Uhr bewachen. Ziel ist es, wieder 40 bis 50 Spitzmaulnashörner im Krater anzusiedeln. Auch die Mandusi-Sümpfe am Munge River, der den Lake Magadi speist, sind Rückzugsgebiet von Nashörnern, Elefanten sowie Brutareal für Hunderte Vogelarten. Am dortigen *hippo pool* sowie an einem weiteren beim Picknickplatz Ngoitokitok kann man Nilpferde beobachten und ihrem unverkennbaren Grunzen lauschen. Doch der Ngorongoro-Krater ist nur eine Attraktion des gesamten

Schutzgebiets und macht nur etwa drei Prozent seiner Gesamtfläche aus. Das Ngorongoro-Hochland vereint landschaftlich ganz Ostafrika in einem einzigen Schutzgebiet: Vulkane und Krater, Seen, Schluchten und Sümpfe, Wälder und Grasland bis hin zu Wanderdünen. Die Grasebenen im Norden und Westen der Conservation Area gehören zum Ökosystem der südlichen Serengeti. Zwischen Dezember und März ziehen bis zu zwei Millionen Gnus, Elands, Zebras, Grant- und Thompsongazellen über die Savanne. In der Olduvai-Schlucht, ebenfalls am Westrand des Hochlands, fanden Louis und Mary Leakey in den 1960ern 3,5 Millionen alte Überreste früher Hominiden – im Visitor Center und Museum kann man die Evolution der Menschheit nachverfolgen.

In den von Massai besiedelten Northern Highlands ragen die Krater Olmoti und Empakai aus der Hochebene. Dieses weniger von Touristen besuchte nordöstliche Ngorongoro-Gebiet ist nur auf holprigen 4x4-Pisten oder auf einer Trekkingtour erreichbar. Vom steilen, über 3000 Meter hoch gelegenen Kraterrand des Empakai eröffnet sich ein fantastischer Blick auf den mehr als 80 Meter tiefen Sodasee im Inneren, der die Hälfte der sechs Kilometer breiten Caldera bedeckt. Bei klarem Wetter blickt man von hier oben und vom Gipfel des höchsten Berges im Schutzgebiet, dem Loolmalasin (3648 m), bis zum Ol Doinyo Lengai und zum Natronsee im Nordosten. Bei einer mehrtägigen Trekkingtour über das Hochland zu den Kratern und auf den Loolmalasin erlebt man die wilde Landschaft des Ngorongoro-Reservats und die Begegnungen mit den Massai besonders intensiv: Ein bewaffneter Ranger und ein traditionell mit rotem Schultertuch und aus Autoreifen geschnitzten Schuhen bekleideter Massai führen und beschützen die Gruppe vor wilden Tieren. Esel transportieren das Gepäck, gecampt wird in der Nähe von Massai *bomas*. Die meisten längeren Touren führen in den letzten zwei Tagen über die westliche Rift-Valley-Kante bergab zum heiligen Berg der Massai, dem Ol Doinyo Lengai. Der perfekt kegelförmige Vulkan thront in der von Akazien gesprenkelten Trockensavanne in der Grabensohle. Seine mehr als 30 Grad steilen Flanken, die erstarrten Lavaströme, die sich die Grashänge hinunterziehen und die sogar von unten erkennbaren meterhohen Schlote, die den Kraterrand überragen, lassen den »Berg der Götter« so majestätisch erscheinen. Der

2955 Meter hohe Ol Doinyo Lengai ist der einzige noch aktive Vulkan im Ngorongoro-Gebiet und weltweit der einzige Vulkan mit Natronkarbonat-Lava. Diese dünnflüssige, schwarze Lava mit der geringen Austrittstemperatur von unter 600 Grad reagiert nach der Eruption mit der Luft und verfärbt sich weiß-grau. Wie der Kilima-ndscharo und der Mount Kenya trägt daher auch der Ol Doinyo eine weiße Kappe – allerdings aus Lava statt aus Schnee. In den Jahren 2007 und 2008 demonstrierte der im Berg ansässige Gott Engai wieder seine ganze Macht: Der Vulkan spuckte kilometer-hohe Aschesäulen in den Himmel, die Massai-Dörfer in der Umge-

1 und **2** Die Ngorongoro Crater Lodge direkt am Kraterrand verbindet barockes Flair mit afrikanischem Stil – und dazu ein fantastisches Panorama in den Krater.

bung mussten zeitweise evakuiert werden. Eine Besteigung des Ol Doinyo Lengai ist nur während weniger aktiven Phasen möglich und gehört für jeden Afrika- und Vulkanfan zu den beeindruckendsten Erlebnissen seines Lebens. Um Mitternacht beginnt der schweißtreibende Aufstieg im Schein des Mondes und der Stirnlampe. 1600 Höhenmeter müssen überwunden werden, bevor man bei Sonnenaufgang den Rand des aktiven Nordkraters erreicht. Heiße Schwefelwolken steigen aus Löchern im Boden und kegelförmigen Schloten (hornitos) auf, weiß erstarrte Lavaströme bedecken den Krater – eine bizarre Mondlandschaft, die sich nach jeder Eruption verändert. In der beginnenden Gluthitze des Tages steht schließlich noch der Abstieg mit unvergesslichen Ausblicken auf die Savanne und den Lake Natron bevor.

Der Lake Natron liegt nur etwa 20 Kilometer nördlich des Ol Doinyo Lengai in einer der heißesten Regionen Ostafrikas. Zur Trockenzeit umgibt den stark alkalischen See nur staubige, schattenlose Wüste aus abgefressenem Gras. Nach der Regenzeit dagegen durchziehen Vogel Sträuße, Gnus und Zebras das wieder ergrünte Massai-Land, den von mineralischen Quellen und dem Ewaso-Ngiro-Fluss gespeisten Sodasee bevölkern mehr als zwei Millionen Zwergflamingos und Tausende Zugvögel. In der abgelegenen Steppe um den Natronsee leben die Massai noch wie vor Hunderten Jahren unter armen Verhältnissen in ihren Lehm-Dung-Hütten. Die Kinder müssen sich schon im zarten Alter von vier Jahren als Viehhirten bewähren, während zum harten Arbeitsalltag der Frauen der Hüttenbau, die Nahrungszubereitung, das Melken der Rinder, die Pflege des Jungviehs, das Versorgen der Kinder, Wasserholen und die Fertigung des bunten Perlenschmucks für Touristen gehören. Die stolzen Männer sind für den Viehhandel und die Familie verantwortlich. Manche arbeiten als Angestellte im Lake Natron Tented Camp, in dem Touristen einfache Unterkunft in möblierten Safari-Zelten finden. Das Camp organisiert außerdem Besteigungen des Ol Doinyo Lengai mit einem lokalen Führer sowie weitere Ausflüge in die Umgebung.

Zeit für Ngorongoro Crater, Lake Natron und Ol Doinyo Lengai

Anreise/Lage

Die Ngorongoro Conservation Area schützt das vulkanische Hochland im Norden Tansanias. Der Lake Natron und der Ol Doinyo Lengai liegen nördlich des Schutzgebiets an der Grenze zu Kenia.
Flug: Mit KLM über Amsterdam und Nairobi zum Kilimandscharo International Airport bei Moshi. Charterflüge zu den beiden Landepisten im Schutzgebiet.
Straße: Von Arusha über Mto Wa Mbu bis zum Lodoare-Parkeingang gute Teerstraße (ca. 160 km). Von Mto Wa Mbu schlechte Piste über Engaruku Jini bis nach Ngare Sero am Lake Natron (ca. 105 km).

Beste Reisezeit

Ganzjährig. Regenzeiten im November/Mitte Dezember sowie März bis Mai, am grünsten ist es in der Zeit dazwischen. Zur Regenzeit sind einige Pisten im Hochland unpassierbar. Von Juli bis Oktober führt der Lake Natron nur sehr wenig Wasser.

Sehen und erleben

Die **Big Five** hautnah erleben im **UNESCO-Weltnaturerbe Ngorongoro Crater.**
Begegnungen mit Massai in der Ngorongoro Conservation Area.
Beobachtung von Flamingos und Pelikanen am Lake Natron.
Vulkanismus im Krater des Ol Doinyo Lengai.

Unterkunft

Ngorongoro Crater Lodge: &Beyond Africa, Private Bag X 27, Benmore, Johannesburg, 2010, South Africa, Tel. 0027-11-8094300, Fax 0027-11-8094400, www.andbeyondafrica.com, info@andbeyond.de
Ngorongoro Farm House: Tanganyika Wilderness Camps, P.O. Box 8276, Arusha, Tel. 00255-784207727, www.tanganyikawildernesscamps.com, twcreservations@habari.co.tz

Eintrittspreise

Erwachsene 50 US-$/Tag, Fahrzeuge 40 US-$/Tag plus 200 US-$ Gebühr für die (einmalige) Einfahrt in den Ngorongoro Crater.

Aktivitäten

Pirschfahrten im Ngorongoro Crater.
Tageswanderungen oder mehrtägige Trekkingtouren in der Ngorongoro Conservation Area.
Besteigung des aktiven Vulkans Ol Doinyo Lengai.
Vogelbeobachtung am Lake Natron und an den Ngorongoro-Kraterseen.

Information

Tanzania National Parks Authority, P.O. Box 3134, Arusha, Tanzania, Tel. 00255-272-503471 und 00255-272-504082, Fax 00255-272-508216, www.tanzaniaparks.com, info@tanzaniaparks.com,
Ngorongoro Conservation Area Authority, Tel. 00255-27-2537006, Fax 00255-27- 2537007, www.ngorongoro-crater-africa.org, ncaa-info@africaonline.co.tz www.tanzaniatouristboard.com
Infos des tansanischen Tourismusamts

Die Gewürzinseln
Sansibar: Arabisches Flair und Badefreuden

Weiße Palmenstrände, türkisblaues Wasser in Badewannen-temperatur und der Duft exotischer Gewürze: Die Koralleninseln von Sansibar bieten nicht nur paradiesische Urlaubsfreuden, sondern auch einen Einblick in die bewegte Vergangenheit von Sansibar Stadt als einst wichtigstes Handelszentrum an der ostafrikanischen Küste.

Nur etwa zwei Stunden braust das Schnellboot von der inoffiziellen Hauptstadt Daressalam über den Indischen Ozean nach Sansibar. Ziel ist Unguja, die größte Insel des Archipels, mit der Hauptstadt Sansibar Stadt. Unguja wird gemeinhin als Sansibar bezeichnet, obwohl etwa 35 Kilometer vor der tansanischen Ostküste nicht nur eine, sondern knapp 50 Inseln und Halbinseln auf einem Korallen-sockel aus dem Meer ragen. Auf den Hauptinseln Unguja und Pemba lebt eine bunte Mischung von etwa einer Million Menschen arabischer, persischer, indischer und afrikanischer Herkunft – mehr als 90 Prozent von ihnen sind Muslime.

Arabische Händler brachten ab dem 7. Jahrhundert den Islam und gründeten Siedlungen auf Sansibar (Unguja). Durch die Handels-beziehungen zwischen den Arabern und den Inselbewohnern entstand Swahili als Mischsprache zwischen dem Arabischen und den Bantu-Sprachen. Suaheli wird heute von etwa 100 Millionen Menschen in Ostafrika gesprochen und neben den vielen arabi-schen Vokabeln stolpert man auch immer häufiger über Lehnwör-ter aus dem Englischen: Amüsante Beispiele für diese Sprachent-wicklung sind etwa *keep lefti* für den Kreisverkehr (Linksverkehr), *petroli, polisi* und *pankeki*.

Nachdem Ende des 15. Jahrhunderts schon Vasco da Gama auf Sansibar haltmachte, nahmen im Jahr 1505 die Portugiesen die Insel ein. Sie kontrollierten daraufhin an der ostafrikanischen Küste den gesamten Gold- und Elfenbeinhandel im westlichen Indischen Ozean. Ende des 17. Jahrhunderts gelang es dem Sultan von Oman, die Portugiesen von Sansibar und Pemba zu vertreiben. Unter den Omanis entwickelte sich die Insel zum Zentrum des Sklavenhandels an der ostafrikanischen Küste. Das boomende Geschäft der Omanis mit Elfenbein und Sklaven sowie der Anbau von Gewürznelken ab 1829 verhalfen Sansibar zu seinem legendä-ren Ruf als reiche arabische Nelkeninsel und wichtigstes Handels-

1 In den Gassen von Stone Town herrscht arabisches Flair. **2** Korallen benötigen eine dauerhafte Wassertemperatur von mindestens 20 Grad. **3** Die Bewohner der ostafrikanischen Küste werden Suaheli genannt. **4** Eine Dhau mit dem typischen trapezförmigen Segel.

1 Stone Town, die Altstadt von Sansibar Stadt, zählt zum UNESCO-Weltkulturerbe. 2 In Sansibar ist Tauchen das ganze Jahr über möglich. 3 Das Arabische Fort in Stone Town war im 19. Jahrhundert ein Gefängnis. 4 Traumhafte Kokospalmenstrände so weit das Auge reicht: an der Ostküste von Sansibar.

zentrum im westlichen Indischen Ozean. Die omanischen Herrscher lebten in Saus und Braus und errichteten mit den Gewinnen aus dem Sklavenhandel die ersten, zum Teil bis heute erhaltenen Korallenstein-Gebäude. 1840 wurde Stone Town unter Sultan Sayyid Sa'id (1804–1856) zur Hauptstadt des omanischen Sultanats erklärt – immer mehr arabische, aber auch europäische und amerikanische Händler und Diplomaten zogen in die wachsende Stadt. Das freie Sultanat hatte über mehrere Generationen Bestand und weitete seinen Einfluss ins Landesinnere bis zum Tanganjika-See aus, um dort Jagd auf Sklaven zu machen. Der Sultan setzte den lukrativen Sklavenhandel bis 1897 fort, trotz des Verbots der Briten schon 20 Jahre zuvor. Ende des 19. Jahrhunderts wurden schließlich sukzessive alle ostafrikanischen Ländereien und Küstenabschnitte an die Kolonialmächte verteilt, 1890 fielen auch Pemba und Unguja (Sansibar) unter britisches Protektorat. Im Dezember 1963 wurde Sansibar als konstitutionelle Monarchie unter Führung der arabischen und indischen Minderheit unabhängig. Die afrikanische Mehrheit arbeitete zwar nicht mehr als Sklaven, aber als unterdrückte Feldarbeiter auf den Plantagen – dieser Missstand führte im Januar 1964 zum Staatsstreich und einem Massaker schwarzafrikanischer Aufständischer an der ara-

bischen und indischen Minderheit. Im April 1964 vereinten sich die Republik Tanganjika mit Sansibar zum neuen Staat Tansania.

Bei der Ankunft mit der Fähre ist das Flair von Stone Town, der Altstadt von Sansibar Stadt, sofort zu spüren: Alte Steinmauern, Minarette und Kirchtürme leuchten im goldenen Abendlicht, Dhaus mit ihren trapezförmigen weißen Segeln ziehen vorbei. Ein Spaziergang durch die labyrinthischen Gassen von Stone Town entführt in den Orient und erzählt die komplexe Geschichte des Archipels. An der Waterfront befinden sich zwei der imposantesten Gebäude der Insel: das Arabische Fort, Ende des 17. Jahrhunderts von den Omanis errichtet, und das House of Wonders (Beit al Ajaib) bei den Forodhani Gardens. Das 1883 als Sultanspalast errichtete architektonische Wahrzeichen Sansibars vereint arabische und viktorianische Architekturelemente. Es war außerdem das erste Gebäude mit elektrischem Licht, fließend Wasser und einem Aufzug – ein Haus voller Wunder. Abends hängt in den Forodhani Gardens vor dem House of Wonders der Duft von gegrilltem Fisch in der Luft, dann verwandelt sich der Park in einen Straßenmarkt und Treffpunkt für Sansibaris und Touristen.

Am östlichen Rand der Altstadt, dort wo das afrikanische Viertel Ng'ambo an Stone Town grenzt, errichteten englische Missionare Ende des 19. Jahrhunderts eine anglikanische Kirche an die Stelle des zentralen Sklavenmarkts. Oberflächlich erinnert hier nichts mehr an die dunkle Vergangenheit, doch in den feuchten, niedrigen Kellerräumen kehrt der Schrecken zurück: Auf einer Fläche von vier mal fünf Meter warteten hier über 50 Männer ohne Essen und Trinken tagelang auf ihre Versteigerung auf dem Sklavenmarkt – je zäher sie durchhielten, umso mehr stieg ihr Marktpreis.

Schwarz verschleierte Frauen huschen durch die engen Gassen von Stone Town, Radler und Mopedfahrer drängeln sich vorbei. Kinder toben in den Hauseingängen der einst prächtigen Gebäude aus Korallenstein, die reiche Kaufleute zur Zeit des Sultanats errichteten. Viele Häuser schmücken Rundbogenfenster, hölzerne Balkone und schwere, beschnitzte Eingangsportale aus indischem Teak – die berühmten Sansibar-Türen, die als Antiquitäten teuer gehandelt werden. Doch überall in Stone Town ist ein Hauch von Verfall zu spüren: Es bröckelt der Putz, der Stein wirkt grau und verrottet, in den staubigen Nebengassen sammelt sich der Müll. Ab den 1960er-Jahren, in der sozialistischen Ära der Insel, wurden die Häuser nicht mehr instand gehalten. Erst seit Mitte der 1980er-Jahre, als sich mehr und mehr Gemäuer in Schutt und Asche verwandelten, bemüht sich die Stone Town Conservation

1

1 Die Ballroom Suite ist das größte der individuell gestalteten Zimmer im 236 Hurumzi. 2 Der weiße Strand des Breezes Beach Club ist der ideale Ort für eine romantische Hochzeit. 3 Orientflair im Breezes Beach Club. 4 Über den Dächern von Stone Town: auf einer Terrasse des 236 Hurumzi Hotel.

and Development Authority um die Erhaltung der Bausubstanz. Nur sehr langsam entwickelt sich unter den Behörden und Inselbewohnern ein Bewusstsein für ihr nationales Erbe und sein touristisches Potenzial.

In den von Touristen häufiger frequentierten Gassen strahlen die Fassaden dagegen schon weißer, und kleine Läden bieten afrikanisches Kunsthandwerk und Gewürze zum Verkauf. Hier versteckt sich auch das Boutique-Hotel 236 Hurumzi. In der verwinkelten Anlage scheint alles für Riesen gemacht zu sein: Viel zu hohe Holztreppenstufen führen in die bunt und verspielt gestalteten Turmzimmer mit frei stehender Badewanne, massiven Sansibar-Möbeln und Himmelbett. Von der Privatterrasse kann man in der Schaukel sitzend den Blick über die Blechdächer auf den Indischen Ozean genießen, auch als »Nicht-Riese«.

Noch heute basiert Sansibars Wirtschaft neben dem Tourismus auf dem Gewürzanbau. Zum Pflichtprogramm bei einem Sansibar-Besuch gehört daher eine *spice tour* zu den Gewürzplantagen im Landesinneren. Wer gut aufpasst, kann am Ende des Tages Nelken-, Zimt- und Muskatnussbaum, Vanillepflanzen, Kardamom- und Kaffeestrauch bestimmen und kennt den Unterschied zwischen weißem, schwarzem und grünem Pfeffer. Am Abend riechen die Hände von den vielen Geruchs- und Geschmackstests nach Weihnachtsplätzchen, und die Taschen sind voll mit Mitbringseln aus Sansibar: Ingwer-Tee, Curry-Mischungen, Vanilleschoten.

Im Jozani-Chwaka-Bay-Nationalpark im Südosten der Insel kann man im Anschluss sehen, wie die Vegetation der Insel vor der Erschließung mit Kokosnuss-, Bananen-, Gewürz- und Zuckerrohrplantagen aussah. Hier wurde der letzte Teil des einst inselweit verbreiteten tropischen Waldes und der Mangrovensümpfe unter Schutz gestellt. Isoliert vom Festland entwickelte sich in den Wäldern die endemische Art der Sansibar-Stummelaffen *(piliocolobus kirkii)*. Von den durch den zunehmenden Bevölkerungsdruck bedrohten Tieren leben heute noch etwa 2000 Exemplare auf der Insel, etwa die Hälfte davon im Jozani-Wald. Jedes Jahr besuchen

Anreise/Lage

Flug: Mit KLM, Emirates, British Airways u.a. nach Daressalam. Kenya Airways, Air Tanzania, Zan Air (www.zanair.com) fliegen täglich von Daressalam nach Sansibar.
Boot: Von Daressalam verkehren mehrmals täglich Personenschiffe und Fähren nach Sansibar Stadt.

Beste Reisezeit

In den Trockenmonaten Juni bis Oktober mit angenehmen Temperaturen und niedrigerer Luftfeuchtigkeit.

Sehen und erleben

Architektonisches Erbe und kulturelle Vielfalt in **Sansibar Stadt.** Traumhafte Sandstrände und Tauchgründe rund um die Insel. Gewürzplantagen, historische Stätten und **Nationalpark Jozani Forest** im Inselinneren.

Unterkunft

Breezes Beach Club & Spa, P.O. Box 1361, Zanzibar (südliche Ostküste), Tel. 00255-77-4440884 oder 00255-77-4440883, www.breezes-zanzibar.com, info@breezes-zanzibar.com
236 Hurumzi (Emmerson&Green), 236 Hurumzi Street, P.O. Box 3417, Zanzibar, Stone Town, Tel. 00255-77-7423266, www.236hurumzi.com, 236hurumzibookings@zanlink.com

Aktivitäten

Tauchen, Schnorcheln und Baden im Indischen Ozean.
Spice Tour zu den Gewürzplantagen.
Auf den Spuren der Vergangenheit wandeln in der historischen Stone Town.
Dhau-Fahrten vor Sansibar Stadt und zu den vorgelagerten Inseln.
Erkundung des **Jozani Forest Reserve.**
Schwimmen mit Delfinen bei Kizimkazi.

Information

Zanzibar Commission for Tourism, P.O. Box 1410, Zanzibar Town, Tel. 00255-24-2233485, www.zanzibartourism.net, marketing@zanzibartourism.net

20 000 Touristen den Nationalpark, um die Affen sowie Weißkehlmeerkatzen, Buschbabys, Sansibar-Ducker, Baumschliefer und einige der 50 Schmetterlings- und 40 Vogelarten zu beobachten. Das Naturreservat rangiert damit als Touristenattraktion auf gleicher Stufe mit den Stränden und Korallenriffen der Insel. An der Nord- und Ostküste locken luxuriöse Resorts mit allem erdenklichen Komfort und von Kokospalmen gesäumten Stränden aus feinem Muschelsand. Im Breezes Beach Club & Spa öffnen sich die mit Palmwedeln gedeckten geräumigen Bungalows zum traumhaften tropischen Garten mit Palmen, Bougainvillea, Hibiskus und Frangipani. Der offene, in den Park integrierte Restaurant- und Lobbybereich mit Messinglampen, bunten Seidentüchern und Chill-out-Polsterecken versprüht orientalische Atmosphäre. Organisierte Tauchgänge zu den vorgelagerten Riffs, Bootsausflüge zu den Delfinen an der Südküste, Yoga-Stunden und thailändische Massagen lassen sicher keine Langeweile aufkommen. Hier herrscht Karibik-Flair, nur mit weniger Trubel. Bei einem langen Spaziergang am Sandstrand kommt sogar ein bisschen Robinson-Crusoe-Feeling auf, bis einem wieder einfällt, dass im Hotel um 16 Uhr Kaffee und Kuchen auf die Gäste warten ...

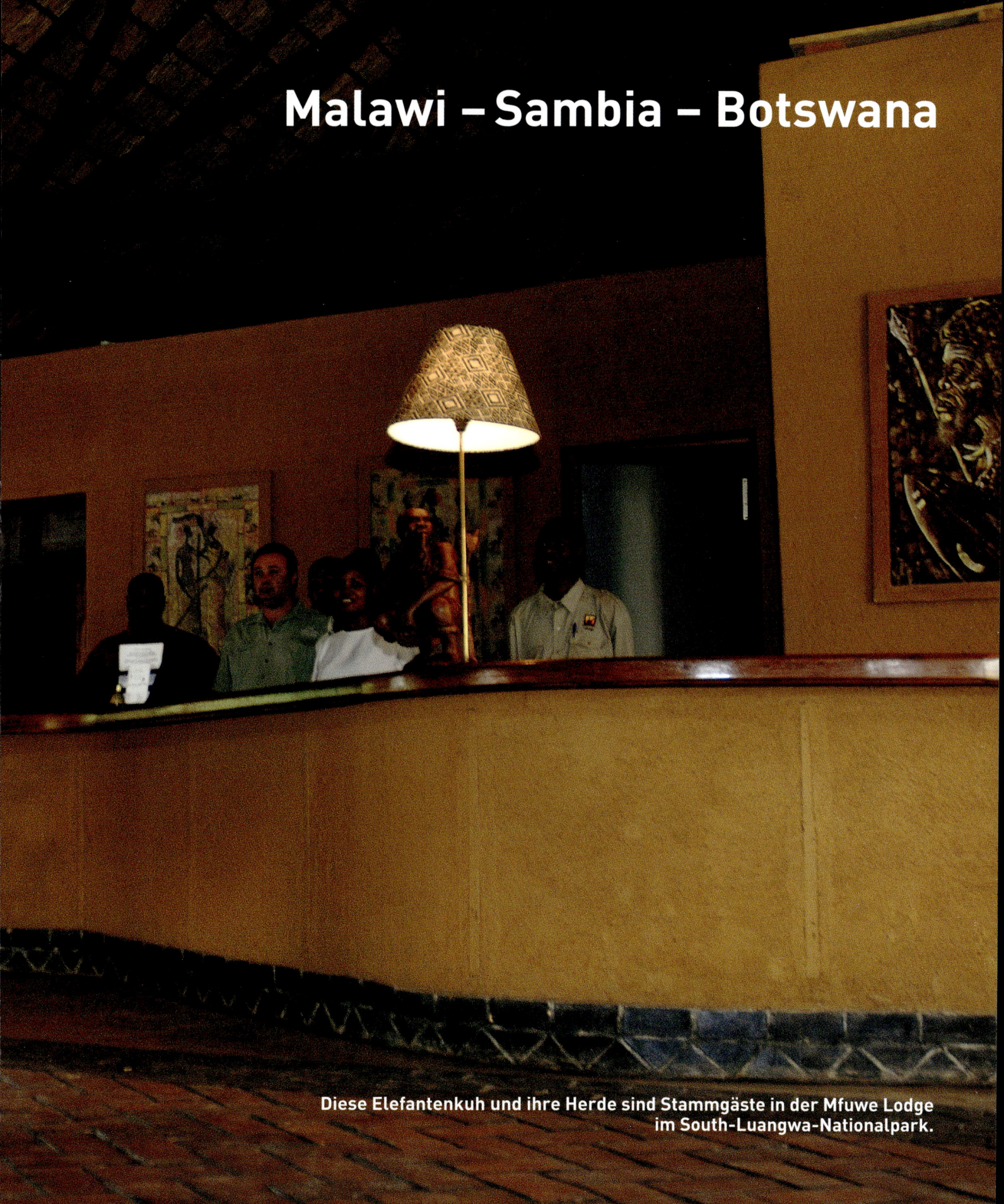

Malawi – Sambia – Botswana

Diese Elefantenkuh und ihre Herde sind Stammgäste in der Mfuwe Lodge im South-Luangwa-Nationalpark.

Per Cessna, Dampfer oder Speedboot
Das aquatische Paradies Lake Malawi

Unglaublich, dass Livingstone tatsächlich vor über 150 Jahren hier umherirrte. Und in seinem Gefolge eine der größten Kathedralen Afrikas aus der Wasserfläche wuchs, auf Likoma Island, während Krokodile, Flusspferde und Elefanten die Ufer besetzt hielten.

Zweieinhalb Stunden von Johannesburg geht der Airbus 319 auf der riesigen Runway Lilongwes nieder. Auf den weitläufigen Betonflächen parkt ein verlorenes Dutzend Light Aircraft. Das überdimensionierte Terminalgebäude des Kamuzu International Airport, mit dem sich Malawis erster Präsident ein Denkmal gesetzt hat, hofft sehr offensichtlich auf mehr Passagiere. Richtig lebendig wird es hier nur, wenn VIPs aus Politik und Showbizz einschweben. Zum Beispiel Popstar Madonna, die mit ihrem Begleittross zuweilen aus London anreist. Gewöhnliche Touristen stellen gleich nach dem Aussteigen die Frage: Wo ist der See? Diese riesige Wasserfläche, die mit zahlreichen idyllischen Inseln bestückt und von imposanten Bergketten umgeben ist. Lake Malawi, 55-mal so groß wie der Bodensee und mit durchschnittlich 292 Metern Tiefe, glasklarem Wasser und einem frappierenden Fischreichtum ein Süßwasser-Dorado für Schnorchler und Taucher, liegt nur 20 Flugminuten von der Hauptstadt entfernt. Das heißt Umsteigen in eine Zweimotorige. Mit den Küstengebirgen Mosambiks, an deren Hängen gerade wilde Buschfeuer lodern, tauchen schon bald dunkle Pünktchen aus dem unendlichen Blau, es ist der Likoma-Archipel. Knapp 20 Inseln verteilen sich auf 19 Quadratkilometer, das bedeutet, der gesamte Archipel hat weniger Landmasse als Amrum. Nach einem kurzen, szenischen Flug über spiegelglatte Wasserflächen wird Buschpilot Louis Steyl seine zweimotorige Beechcraft Baron auf der staubigen Piste von Likoma Island, der Hauptinsel, aufsetzen. Auf historisch gewachsenem Boden sozusagen, und nicht einfach irgendwo. Er zieht seine Maschine in einer Landeschleife nahe an einem mächtigen Kirchenschiff vorbei, das unwirklich aus der Inselwelt eines malerischen See-Archipels ragt. Wie ein Abenteuerroman liest sich die Geschichte von St. Peter's Cathedral, wobei die Protagonisten wegstarben wie die Fliegen, bevor ihr Kapitel richtig begann: Nachdem der britische Forschungsreisende Dr. David Livingstone 1859 als erster Europäer den See entdeckt hatte, reisten die ersten Missionare an, die sich hier, auf dem Prachtstück

1 Paradies für Backpacker: Mango Drift auf Likoma Island. **2** Badevergnügen im Shire River, Liwonde-Nationalpark. **3** Überfahrt vom Festland auf die See-Insel Mumbo Island, … **4** … die mit ihrem romantischen Ambiente ein See-Märchen aufführt.

1 und 2 Ziemlich beeindruckend ist St. Peter's Cathedral auf Likoma Island, ... 3 ... wo im Inseldörfchen der Markt stattfindet. 4 Fröhliche Nonnen schlendern in die Kirche. 5 Riesige Affenbrotbäume überschatten den Eingang zur Luxuslodge Kaya Mawa.

unter den See-Inseln, ansiedelten. 1885 wurde die Likoma-Mission gegründet, und 1903 begannen die Anglikaner auf dem abgelegenen Eiland eine Kathedrale zu bauen, die sich an Größe mit Londons Westminster Abbey messen kann. Zahlreiche Inschriften auf hölzernen Wandtafeln bezeugen in dem prachtvollen neugotischen Gotteshaus ihre Schicksale: Edward Drayton, gestorben 1870, Ormsby Handcock, 1872, Richard Pennellp, 1874, Arthur West, 1875. Die Liste der kurzlebigen Missionare ist endlos. Stolz führt Vincent Saulie, der betagte Küster von St. Peters, seine Kathedrale vor, das mechanische Läutwerk im Glockenturm, prachtvolle bleiverglaste Kirchenfenster, das Schnitzwerk aus Oberammergau. Sowie dieses magische Holzkreuz aus Sambia, das, wie er lächelnd beteuert, aus einem großen Baum gemacht sei, der einst aus Livingstones Grab herauswuchs. Blau-weiß gekleidete Nonnen wandeln im Kirchhof. Zweimal im Monat kommt Bischof Christopher Boyle (zuvor der Bischof von Sheffield, sagen sie stolz)

vom Festland herüber, um in St. Peter Gottesdienst zu halten. Eine Mission anderer Art haben Andrew Came und William Sutton aus Oxford erfüllt, als sie vor einem guten Jahrzehnt mit der Luxuslodge Kaya Mawa die erste und einzige Herberge auf Likoma etablierten: Als wagemutige Visionäre, gegen jede Vernunft und

alle Hürden einer fernen, aber sehr wirksamen Hauptstadt-Büro-
kratie. Dafür mit handfester Unterstützung der 6000 Einwohner
zählenden Inselgemeinde. Und dem unausweichlich notwendigen
Segen von St. Peter. Das architektonisch besondere Inselresort
(laut *Condé Nast Traveler* unter den zehn romantischsten Destinationen der Welt) zählt ein knappes Dutzend Suiten, verteilt auf
Miniinseln und Landzungen, durch Hängebrücken und Stege mit
der Hauptlodge verbunden und ist in geschmackvoller Naturstein-
Architektur zwischen mächtige Baobab-Bäume, Fels- und Sand-
buchten gesetzt.
Unter der utopisch schönen Oberfläche pulsiert eine irrwitzige Infrastruktur aus Strom- und Wasserversorgung (250 000 Litertank),
Schul- und Waisenhausprojekten, über 70 direkten Arbeitsplätzen,
die zahlreiche Familien ernähren und die soziale Einbindung festigen,
sowie, sündhaft teuer, Airstrip, Transport und Logistik. Das Abenteuer der Bauphase allein wäre eine buchfüllende Geschichte, deren
schönster Aspekt ist, dass danach alle ehemaligen Arbeiter umge-
schult wurden und heute als Kellner, Mechaniker oder Hausmeister
weiterhin Lohn und Brot haben. Wer tut sich das hier, auf einer entrückten See-Insel, am Ende der Welt, freiwillig an? Aus dem fernen
Elsass verirrte sich Diana Barlow hierher, verliebte sich in die unge-

wöhnliche Robinsonade, und ist nun verantwortlich für die exquisite
Küche der Kaya Mawa Lodge. »Ein Traum«, erklärt sie. »Diese beiden
hatten diesen Traum von Afrika.«
Damit der auch für schmale Reisekassen bezahlbar bleibt, betreiben die Eigner in der nächstfolgenden Sandbucht die Backpacker-
Herberge Mango Drift. Dienstags und samstags bringt das Versor-
gungsschiff »Ilala« Traveller-Nachschub vom Festland herüber, auf
die strohgedeckte Bungalows unter prachtvollen Mangobäumen
warten. Für Atmosphäre sorgt eine romantische Strandbar, es gibt
Stromanschluss, sauberes Trinkwasser und eiskaltes Bier.
Die Kirche hat auf Likoma ein gesellschaftliches Musterbeispiel
geschaffen, und ist ein nicht wegzudenkender Bestandteil des insu-
laren Lebens. Das modern ausgestattete Missions-Hospital sorgt
für die Kranken, und ein halbes Dutzend Schulen für Bildung und
Ausbildung. 95 Prozent der Inselbevölkerung sind des Lesens und
Schreibens mächtig, was sensationell ist für jede afrikanische Statistik. Wenn sich sonntags St. Peter zum Gottesdienst füllt, versammeln sich zum afrikanisch-melodischen Gesang dreier Chöre
zuweilen mehr als 1000 Gläubige auf einen Schlag.
Wie St. Peter ist auch Kaya Mawa eine feste Größe auf Likoma,
und engagiert sich in den unterschiedlichsten Hilfsprogrammen.

Beispielsweise durch gezielte Unterstützung von Schulen, die Förderung bedürftiger Kinder über das Lodge-Projekt Island Child oder durch die Versorgung zweier Dörfer mit fließend Wasser. Zudem werden Gäste ermuntert, in einem Partnerschaftsprogramm eine kleine Dollarsumme in private Haushalte zu investieren, um weitere Wasseranschlüsse sowie Baumsetzlinge und Saatgut zu finanzieren. Investitionen, die unerreichbar sind für die meisten von Likomas Einwohnern. Wenn der betagte, marineblaue Landrover der Lodge abfahrbereit unter gigantischen Baobab-Bäumen auf abreisende Passagiere wartet, während Louis auf dem nahen Airstrip seine Beechcraft Baron startklar macht, stellt sich ein merkwürdiges Gefühl ein. Es sind die letzten kostbaren Minuten, bevor die Zeit in diesem kostbaren Inselparadies verbraucht ist.

Mumbo Island

Aber schnell finden sich weitere Inseln auf den weiten Flächen des Malawi-Sees, dessen südliches Gebiet seit 1984 als Lake-Malawi-Nationalpark auf der UNESCO-Liste des Welterbes steht. Vor allem, weil Hunderte schützenswerte tropische Süßwasserfischarten eine glasklare Unterwasserwelt bewohnen, einzigartige, grellbunte, teils endemische Farbwunder der Schöpfung, die Besitzern von Süßwasseraquarien als Malawi-See-Cichliden wohlbekannt sind.

Aus diesem überdimensionalen Aquarium ragt Mumbo Island, ein winziges, tropisches Inselreich, heraus. Tauchen, Schnorcheln,

1 »A Room with a view« ... 2 ... ist in der Kaya Mawa Lodge ...
3 ... die zutreffendste Bezeichnung für das, ... 4 ... was ihre Erbauer mit
ihrer herrlichen Naturstein-Architektur im Sinn hatten. 5 Schon ein kurzer Blick vom Bar-Tresen ... 6 ... auf die riesige Wasserfläche des Lake
Malawi ... 7 ... schafft eine besondere Stimmung.

Kajakfahren und Schwimmen sind neben obligatorischen Sunset-Cruises durch die bizarren Fels-Archipele das Einzige, was hier außer Schlafen, Lesen, Essen möglich ist. Wobei in der bildschönen Öko-Idylle außer zu schauen, gar nichts anderes nötig ist. Denn wer auf Mumbo Island erwacht, findet den Weg zur Hängematte auf seiner hölzernen Zeltplattform ganz automatisch. Zwischen rund geschliffene, mächtige Felsblöcke auf Stelzen in schwindelnde Höhen gesetzt, kleben sechs Domizile in Traumlage wie Schwalbennester über dem spiegelglatten See. Reetgedeckte Pfahlbauten aus edlen Hölzern, liebevoll gestaltete Interieurs sowie eine rührend besorgte einheimische Crew kreieren hier eine sehr feine Robinsonade. Die einfache Eimer-Dusche unter dem Blätterdach eines Baobab mag für Luxusverwöhnte beim ersten Mal noch gewöhnungsbedürftig sein, sich aber bald zu einem romantischen Duscherlebnis gestalten. Immerhin: Zehn Minuten vorab bestellt wird heißes Wasser auf dem Lagerfeuer bereitet, und just in time zur Dusche geliefert. Auch Bio-Gemeinschaftstoilette (mit Rindenmulch-»Spülung«) und Petroleum- oder Taschenlampen als einziges Leuchtmittel in dunkler Nacht mindern das einzigartige atmosphärische Ambiente des kleinen Öko-Camps nicht, das mit

1 *Wildlife*: Bootssafari der Mvuu Lodge. **2** Ein *hippo*, aufgeschreckt im Shire River. **3** Traum-Bad in der Mvuu Lodge. **4** Das Basiscamps der Mumbo Island Lodge bei Monkey Bay.

seinem Naturparadies ein niedliches, beinahe unwirkliches See-Märchen auf die Bühne bringt, für das nach 55 Minuten Bootsfahrt am Steg des Festland-Basiscamps in Monkey Bay leider viel zu schnell der Vorhang fällt.

Liwonde – Mvuu Lodge

Natürlich kann Malawi auch über dem Wasser mit echter Wildnis protzen. Nach spektakulären Aussichten auf die wilden Gebirgs-ketten Mosambiks zieht Louis über Mumbo Island hinweg, dessen Inselchen wie ein gemaltes Märchen im Tiefblau des Sees schwim-men, und setzt wenig später über dem Shire River im Tiefflug zur Landung auf dem schmalen Airstrip der Mvuu Lodge an. An den Flussufern unten sind Krokodile zu sehen und Herden planschen-der Hippos sowie noch dickere Fleischklöpse, Elefanten. Hier, am südlichen Zipfel des Sees, im Liwonde-Nationalpark, wimmelt es nur so von Wildlife, und seit einigen Jahren hat ein Einwilderungs-programm sogar die seltenen Spitzmaulnashörner zurückgebracht.

Highlights von Mvuu sind Boot-Safaris, die mitten hinein ins schilf-bestandene Terrain von Elefanten und Flusspferden führen und eine reichhaltige Vogelwelt präsentieren: Fischadler, Reiher, Peli-kane, Seefalken, Fischeulen – die Liste ist lang. Selbst der grell-blau schimmernde »King Fisher« lässt sich sehen. Wem es vor einer nächtlichen Bootsfahrt nicht graut, taucht bei Scheinwerfer-licht ein in die gruselige Welt bis zu sechs Meter langer Krokodile.

Im Morgengrauen präsentiert die Lodge, die zwischen dschungelartig verwachsene Wasserarme des Shire gesetzt wurde, die Stunde der Vögel: Mörderisch gellende Schreie durchtrennen die Stille, andere proben mit dumpfen, hohlen Tönen unermüdlich die Tonleiter von oben nach unten, glasklares Pfeifen, ein Schnappen und Klatschen im Wasser, heftiges Flügelschlagen und ein Gezeter. Ist ein potenzielles Opfer gerade noch knapp entwischt? Die Spannung ist förmlich zum Greifen; der Kampf der Tiere ums Überleben, den manchmal weniger als eine Sekunde entscheidet, zeigt dramatische Szenen. Krokodile bewegen sich hier auf Augenhöhe mit den Gästen, die keine Abzäunung von den bis zu sechs Meter langen Muskelpaketen trennt, Horden von Affen turnen um die Lodge herum, und nichts Ungewöhnliches passiert hier, wenn bei der Morgentoilette im offen gestylten Natursteinbad ein Elefantenbulle seinen Rüssel fordernd Richtung Badewanne streckt. Auch Leoparden und Geparden streifen auf der Jagd nach Gazellen, Antilopen und Warzenschweinen durch dicht verwucherte Ufermarschen, Lagunen und stille Flussarme. Fast 600 Quadratkilometer stellt der Liwonde-Nationalpark seinen Wildtieren zur Verfügung, die sich vor allem während der Trockenzeit in großen Zahlen zeigen: Immer dann, wenn sie sich auf der Suche nach Wasser an die Fluten des Shire River erinnern.

Zeit für den Lake Malawi

Anreise/Lage

Flug: Nach Malawi mit South African Airways über Johannesburg oder British Airways via London nach Lilongwe. Weiterreise per **Auto/Bus/Schiff:** Von Lilongwe nach Chipoka, Nkhotakota oder Nkhata Bay, wo die »MV Ilala« nach Likoma Island ablegt. Mumbo Island ist von der Cape-Maclear-Halbinsel aus per Bootstransfer zu erreichen, der Liwonde-Nationalpark liegt auf derselben Strecke südlich. Air-Charter: von Lilongwe in einer Stunde direkt nach Likoma oder Liwonde.

Rundreisen per Air-Charter

Nyassa Air Taxi gehört dem Österreicher Bruno Kloser, der bestens organisierte Fly-in-Safaris anbietet mit den schönsten Lodges im Programm, P.O. Box 574, Blantyre, Malawi, Tel. 00265-1-638471, Fax 00265-1-637496, bruno@nyassa.mw

Beste Reisezeit

April bis September angenehmes Klima; danach steigen die Temperaturen kontinuierlich an bis Dezember, wenn die Regenzeit beginnt. Malariaprophylaxe oder Stand-by-Vorsorge, Infos unter www.crm.de

Sehen und erleben

Auf eigene Faust mit dem Schiff rund um den See und auf die Inseln: Lake Malawi lässt sich preiswert und sehr individuell nach Fahrplan auf dem Motorschiff »MV Ilala« bereisen; alle Infos unter www.malawi-travel.com oder www.abendsonneafrika.de

Unterkunft

Kaya Mawa Lodge, Likoma Island (die preiswerte Backpacker-Herberge Mango Drift liegt am gleichen Strand und wird durch Kaya Mawa verwaltet). Infos für beide: www.kayamawa.com, info@kayamawa.com
Mumbo Island Camp, Lake-Malawi-Nationalpark (Weltnaturerbe der UNESCO), an einer bildschöne Inselbucht, Zeltplattformen in Alleinlage, ökologisch orientiertes Management, Bioarchitektur.
Mvuu Lodge, Liwonde-Nationalpark, am Shire River, exquisit gestylte Zelt-Bungalows in Alleinlage.
Infos für alle Camps unter www.wilderness-safaris.com sowie Schaffelhuber Communications, Infanteriestr. 19, Haus 5/OG, 80797 München, Tel. 089-787979102, Fax 089-99275597, www.schaffelhuber-communications.de, info@schaffelhuber-communications.de

Aktivitäten

Likoma und Mumbo Island: Bootstouren durch die Inselwelt, Baden, Schnorcheln, Tauchen, Kajakfahren, Exkursionen nach Mosambik.
Mvuu Lodge: Boot-Safari auf dem Shire River sowie *game drives* im Geländewagen.

Information

Pauschalarrangements sowie detaillierte Beratung beim Spezialveranstalter Abendsonne Afrika, Zur Unteren Mühle 1, 89290 Buch-Obenhausen, Tel. 07343-92998-0, Fax 07343-92998-29, www.abendsonneafrika.de, info@abendsonneafrika.de

Top of Malawi
Nyika-Nationalpark: Grünes Plateau in Nordmalawi

Einer wie keiner! Im Nyika-Nationalpark im Norden Malawis erwartet Safari-Reisende keine gelbe Savannenlandschaft mit Schirmakazien, sondern ein raues Hochplateau mit afromontaner Vegetation. Hier wähnt man sich eher in den schottischen Highlands als nur zehn Grad südlich des Äquators inmitten Afrikas.

Langsam holpern wir die Schotterpiste von Rumphi bergauf in Richtung Nyika-Plateau. Auf den ersten 30 Kilometern säumen noch Mais- und Tabakfelder den Weg. Doch je höher wir vordringen, desto mehr weichen die kleinen Dörfer dem Busch. Wir erreichen das Thazima Gate auf 1600 Metern Höhe, den Eingang in den Nyika-Nationalpark. Noch können wir die Weite des Berglands nur erahnen, die Piste führt durch knorrigen, mit Flechten überzogenen Miombowald. Erst auf fast 2000 Metern Höhe lichtet sich der Wald, und vor uns erscheint eine schwarze Wolkenwand, die sich donnergrollend auf uns zubewegt. Ein paar Sonnenstrahlen lassen das grüne Grasland und die roten Blüten der Proteas noch kurz aufleuchten, bevor die Silhouette der Hügelketten im Nebel verschwindet und der Regen sintflutartig auf uns niederprasselt. Die Piste verwandelt sich in eine rote Schlammrinne und führt kaum merklich weiter bergauf übers Plateau. Die Vegetation wird immer afromontaner, mit Hagenia abyssinica, Farnen, Strohblumen und Tussock-Gras in den feuchten Senken. Riesige, grau verwitterte und mit Moos und Flechten bewachsene Granitblöcke unterbrechen das Bild der sanft gewellten Graslandschaft. Klippspringer, Buschböcke, Zebras und Streifenschakale zeigen kaum Scheu vor unserem Fahrzeug. Das Grasland und der immergrüne Bergwald im Nyika-Park bietet Schutz für große Elandherden und die größte Pferdeantilopen-Population in Afrika. In abgelegenen, nur zu Fuß erreichbaren Arealen des Parks trifft man mit Glück auch Elefanten, Leoparden, Büffel und Kudus. Von den mehr als 400 im Park heimischen Vogelarten wie Klunkerkranich, Kafferntrappe, Bergtrogon u.a. lassen sich heute aber nur einige Schwalben und Weißnacken-Raben von uns beobachten.
Am Rande eines Pinienwaldes, auf fast 2300 Metern Höhe, taucht schließlich die Chelinda Lodge auf. Von den rustikalen Blockhütten mit Kamin bietet sich ein herrlicher Blick auf das Plateau und

1 Im Nyika-Park lässt sich die Safari ohne Raubtiergefahr genießen.
2 Die Pferdeantilope erreicht eine Schulterhöhe von 1,50 Metern und wiegt bis zu 300 Kilogramm. **3** Granitfelsen und Protea prägen das Landschaftsbild des Nyika-Hochlands, ... **4** ... das sich am schönsten auf dem Pferderücken erkunden lässt.

1–5 In der Chelinda Lodge am Rande eines Pinienwaldes auf 2100 Metern Höhe residieren die Gäste in rustikalen, zweistöckigen Blockhäusern. Der offene Kamin, die duftenden Pinienholzmöbel und der Ausblick über das Hochland garantieren eine gemütliche Hüttenatmosphäre.

einen kleinen See. Die Lodge im Zentrum des Nationalparks ist idealer Ausgangspunkt für Ausflüge in die Umgebung: zum südlichsten Wacholderwald Afrikas, zum höchsten Berg Nganda Peak (2607 m), zu den 150 Meter hohen Chisanga Falls oder ins Chipome Valley. Aktive können mit der Organisation Biosearch Expeditions, die die Nationalparkbehörde in ihrer Naturschutz- und Forschungsarbeit unterstützt, auch mehrere Tage zu Fuß oder mit dem Pferd die weite, raue Landschaft durchstreifen. Eine dreitägige Tour führt in Begleitung eines bewaffneten Rangers über das östliche Escarpement abwärts bis nach Livingstonia, der Ende des 19. Jahrhunderts von schottischen Missionaren gegründeten Stadt auf der Ostseite des Parks. Britische Kolonialherren bauten in den 1950er-Jahren auch die Straße von Rumphi nach Chelinda und errichteten dort eine Forststation, um auf die Jagd zu gehen und Pinien zu kultivieren. Nach der Unabhängigkeit Malawis wurde Nyika 1964 zum ersten und heute mit 3143 Quadratkilometern auch größten Nationalpark des Landes erklärt. Nyika bedeutet

»von wo das Wasser kommt« und der Schutzstatus sollte vor allem die Trinkwasserversorgung der unterhalb liegenden Orte sichern. Der Wind aus Südosten bringt feuchte Luft vom Malawi-See, die für die hohen Niederschläge im Ostteil des Parks sorgt. Diese speisen die Flüsse Rukuru, Rumphi und Runyina, die sich in Richtung Osten zum Malawi-See entwässern.

In den trockeneren Sommermonaten von Oktober bis April verwandelt sich das Plateau in ein Wildblumenmeer mit über 200 Orchideenarten. Auch außerhalb der Saison entdecken wir bei der etwa fünfstündigen Wanderung vom Chelinda Camp zum Chosi

Zeit für den Nyika-Nationalpark

Anreise/Lage

Das malariafreie Hochplateau des Nyika-Nationalparks liegt im Norden Malawis an der Grenze zu Sambia.
Flug: Mit KLM, Emirates, Air France u.a. nach Lilongwe, von dort gibt es Charterflüge in den Nationalpark.
Auto: Keine Straßenzufahrt von Livingstonia aus, umständliche Anfahrt über Rumphi zum südlichen Thazima Gate (52 km Schotterpiste). Dann weitere 60 km auf teilweise ausgewaschener und steiler Piste bis zum Chelinda Camp (nur mit 4x4).

Beste Reisezeit

In den wärmsten Monaten Oktober/November (Tagestemperaturen um 23 Grad). Ganzjährig relativ kühl und stetiger Wind, im Juni/Juli auch nächtlicher Frost, der meiste Regen fällt im Januar und Februar.

5

Sehen und erleben

Das bis zu 2600 Meter hohe Nyika-Plateau beeindruckt durch seine raue, weite und grüne Landschaft mit außergewöhnlicher Flora und Fauna.

Unterkunft

Chelinda Lodge von Wilderness Safaris,
www.wilderness-safaris.com, enquiry@wilderness.co.za

Eintrittspreise

Erwachsene 5 US-$/Tag, Kfz 2 bis 5 US-$/Tag.

Aktivitäten

Pirsch- und Rundfahrten auf dem Hochplateau.
Forellenfischen in den kleinen Seen.
Tages- oder mehrtägige Wanderungen mit Übernachtung in Tented Camps.
(Mehrtägige) Reitausflüge auf dem Plateau.
Mountainbiketouren.

Information

Biosearch Expeditions, England, Tel. 0044-1400-273323, www.biosearch.org.uk, expeditions@biosearch.org.uk, www.biosearch.org.uk, Informationen zum und Touren im Nyika-Nationalpark. Malawi Tourism, www.malawitourism.com, mail@malawitourism.com

View Point unzählige pinke, lila, blaue, weiße und gelbe Blüten von Iris, Gladiolen und Orchideen im Gras. Wir sind die einzigen Menschen weit und breit. Die Wolken hängen tief über unseren Köpfen, und es weht eine kühle Brise. Uns umgibt eine fast unheimliche Stille und Weite – nichts erinnert mehr an die tropische Schwüle am Malawi-See. Wären da nicht die großen Elands und Pferdeantilopen, die mit ihren spitzen langen Ohren ein bisschen an Esel erinnern und uns aus wenigen Metern Entfernung beobachten, dann glaubten wir uns eher in Europa als in Afrika. So erging es wohl schon dem südafrikanischen Schriftsteller und Entdecker Laurens van der Post Ende der 1940er-Jahre. Er schrieb bei seiner Reise durchs damalige Niassaland über Nyika: »So weit das Auge reichte, lag vor uns eine sanfte, rhythmisch gewellte Landschaft aus Gras und Blumen ausgestreckt. Über die Ränder hinweg erhoben sich andere Gipfel aus der schimmernden Ebene und vermittelten uns ein starkes Bewusstsein unserer erhabenen Welt (...) Ich wollte, ich könnte die Wirkung beschreiben, die dieser Anblick auf mich hatte, doch ich kann nur sagen, dass er mir wie ein Wunder vorkam. Er war so ganz anders als alles Übrige. Der Landstrich lag tief im Herzen Afrikas, war angefüllt mit den Tieren Afrikas und doch bedeckt mit den Gräsern, den Blumen und Farben Europas.«

Sambia: gefährliches Schwemmland
Im Helikopter über die Busanga Plains

Die zahllosen Atolle, die unten aus dem glitzernden Meer der Wildtiere ragen, entpuppen sich während des Sinkflugs als Bauminseln, die, wenn der große Regen kommt, dem afrikanischen Dschungelbuch die letzte Zuflucht sind. Und den Raubkatzen zu einer reich gedeckten Gourmet-Tafel verhelfen.

Sambia, mit 752 614 Quadratkilometern flächenmäßig so groß wie Italien und Spanien zusammen, wird von drei der größten Flüsse des Kontinents durchquert, dem Kafue River, dem Luangwa River und dem Sambesi. Letzterer schafft unglaubliche 2500 Kilometer. Moses Masumba, seit 30 Jahren als sambischer Buschpilot in dieser abenteuerlichen Region unterwegs, lässt auf Lusakas Airport die Propeller seiner Cessna Caravan anlaufen. Seine Charter-Airline operiert mit fünf Maschinen, erreicht die abgelegensten No-go-Areas im tiefsten Dschungel (falls eine Piste zu finden ist) und trägt den schönen Namen »Star of Africa«. Das Lunga River Camp liegt am Rande des Kafue-Nationalpark, der mit 22 500 Quadratkilometern halb so groß ist wie die Schweiz. Die Flugzeit dorthin beträgt 60 Minuten. Unten zeigen sich glitzernde Flüsse und grüne Sumpfebenen, dann wieder Landschaften in Umbra und Ocker. Trockenflussläufe durchziehen die wüstenhaften, marsähnlichen Flächen, die mit dunklen Kratern gespickt sind. Während Moses über eine Flussschleife zieht, wird der Landeanflug zur Safari: An den Ufern des Lunga River, einem Nebenfluss des Kafue, sind Giraffen und Elefanten zu sehen, und im lehmigen Wasser die klobigen Rücken badender Hippos. Die Zeit reicht für einen Speedboot-Trip flussaufwärts: Aus der flachen Perspektive geht es dabei hautnah an den großen Flusspferdfamilien vorbei, sowie an grauenerregenden Krokodilen. Wasserböcke, Wildkatzen und Antilopen bewegen sich wie in Zeitlupe im dichten Busch, Fischadler, die mit gellenden Schreien die dschungelhafte Flussszene durchdringen, zeigen stolz ihre Flügelspannweiten. 500 Vogelarten sowie 150 Säugetierarten beleben in großen Mengen diese Oase der Tiere. Grunzend und schnaubend beobachtet ein argwöhnischer Flusspferdbulle das ankernde Boot, das zum Sundowner in einer Lagune schaukelt. Es gibt eiskaltes Mosi-Bier aus der Kühlbox. Die Rückfahrt wird zum Spektakel: Blitze durchzucken einen schnell ins Schwarzgrau verzogenen Tropenhimmel,

1 Fotosafari in den Busanga Plains. 2 und 3 Löwin in der Nähe der Kapinga Lodge, Kafue-Nationalpark. 4 Schon die Vogelperspektive vermittelt, wohin die Reise geht: in die Weiten der Busanga-Ebene des Kafue-Nationalparks.

1 Safari-Boote in der Lunga River Lodge. 2–4 Stopover in einem der traditionellen Kafue-Dörfer, die sich an den Ufern des Lunga River im saftigen Grün etabliert haben. 5 Selbst ein Transfer an Land ist hier immer mit Wasser verbunden.

der seine Schleusen sekundenschnell öffnet, während Jonathan, der Bootsführer, den Lunga in großer Eile flussabwärts durchpflügt. Zum Glück bleiben Hippos und Krokodile verkehrsgünstig abgetaucht, und sein Aluminiumboot hat freie Fahrt.

Auf der hölzernen Plattform eines Flusscamps frühmorgens einen starken Kaffee zu schlürfen, gehört zu den herausragenden Erlebnissen. Hohe Stelzen lassen diese hier weit übers Ufer in den Lunga River hineinragen, dessen Wasserflächen jetzt in statischer Ruhe spiegelglatt dahinziehen. Nur schemenhaft sind Büsche und Bäume auf der gegenüberliegenden Seite im frühen Dunst zu erkennen. Die Vogelwelt spielt gerade verrückt, wird aber noch übertönt vom hackigen Gebell der Affen. Die Wahl zwischen Helikopter-Transfer, 20 Minuten, und einer dreistündigen Fahrt mit dem Landcruiser ist schnell entschieden. Letzterer bleibt dreimal im Schlamm stecken. Tsetsefliegen setzen zum Sturzflug an. Als am Ende der Buschwald abrupt endet, gibt eine berauschende

Weite den Blick frei bis zum Horizont: Die Busanga Plains, nur durchbrochen von hoch aufragenden Baumkronen, die hier und da aus flutsicheren Termitenhügeln wachsen, sind das Sahnestück des Kafue-Nationalparks. Wenn sich Busanga zur Regenzeit in eine Wasserfläche verwandelt, die so groß ist wie der Bodensee, ragen

die ringsum durchs hohe Savannengras streifen. In der Früh liegt ein kühles Nebeltuch über der tellerflachen Savanne. Hier und dort stechen dunkle Spitzen ruckelnd und fuchtelnd aus dem weißlichen Dunst. Später wird sich das Rätsel lösen: Es sind die Gehörne von äsenden Säbelantilopen und Wasserböcken. Darüber heben sich Schattenrisse von Bauminseln aus der sich langsam purpur färbenden mystischen Szene. »Shumba« bedeutet »the place of lion« und erfordert eine Menge kühler Logistik hinter den schönen Kulissen: Zwei Tage brauchen Versorgungs-Trucks aus Lusaka hierher. Cola kommt aus Botswana, Salat und Obst aus Südafrika, die gesamte Frischware muss im Kühlcontainer herangeschafft und jedes Ersatzteil auf Vorrat gelagert und, natürlich, per Funk oder E-Mail vor allem rechtzeitig bestellt werden.

Im benachbarten Busanga Bush Camp, nur 20 Fahrminuten von Shumba entfernt, kontrollieren besonders wachsame Ranger ihren Teil der Wilderness. Hoffentlich sehr penibel, denn hier bewegen sich Raubkatzen auf Augenhöhe mit Zeltbewohnern, die hier ebenerdig und ohne Umzäunung nächtigen. Sobald gemeldet wird, dass Raubtiere in der Nähe sind, darf sich niemand mehr ohne Schutz im Lager bewegen. Ziemlich häufig stehen im Busanga Bush Camp Löwen auf der Liste der Attraktionen. Während an der

seine symbiotischen Bauminselgebilde wie Halligen aus dem Meer der Wildtiere. Auf einer solchen Hallig hat sich die Shumba Lodge positioniert, vorsichtshalber auf Stelzen. Sechs Luxus-Safarizelte finden auf den hochbeinigen Plattformen Platz. Wer heruntersteigt, tut dies auf eigene Gefahr und zum Frohlocken der Löwen,

1 Fast unglaublich schön: das Holzdeck der auf Stelzen stehenden Shumba Lodge.

Bar die obligatorischen Gin Tonics zum Sundowner gemixt werden, besteigt in Sichtweite brüllend und fauchend ein prachtvoller Alpha-Löwe in Abständen von 17 Minuten eine seiner Damen. Begattungszeremonien wie diese nehmen zuweilen zwei volle Tage und Nächte in Anspruch. Was bedeutet, dass es selbst ein König in der Wildnis nicht leicht hat.

In 300 Metern Höhe brummt der Robinson-Helikopter über die letzten glitzernden, noch vom Vorjahr übrig gebliebenen Wasserreste der Busanga Plains. »Bevor der große Regen kommt«, erklärt der Chopper-Pilot, und zeigt auf vereinzelte Fahrspuren tief unten, »muss aus Busanga alles heraus.« Wilde Tropengewitter, grelle Blitzorgien und heftige Sturmböen sind die Vorboten, die durch die Ebenen ziehen. Wenn es richtig losgeht mit der Regenzeit, kommt am Boden kein Fahrzeug mehr durch. Mit seinem fliegenden Transportmittel wird der Hubschrauberpilot dann zum König des Rückzugs, wenn Lodges und Camps im letzten Moment evakuiert werden. Nur das Wachpersonal verbleibt vor Ort. »The rains come early this year«, hatte Idos Mulenge, *game driver* auf Shumba, mit Blick auf den schwarzverhangenen Himmel gesagt. Der Sambier kennt die Region seit 15 Jahren. Wenn es losgeht, werden die Plains sehr bald schon voll Wasser laufen, und das Reich der Tiere wird für Monate nach anderen Regeln funktionieren. Bis zum Frühjahr, wenn die Trockenzeit beginnt und Busanga wieder festen Boden unter die Füße bekommt. Wenn die Existenz im Überfluss endet, und der Kampf um die Ressourcen aufs Neue beginnt.

Auf dem Lunga River Airstrip steigen die Helikopter-Passagiere um in eine wartende Cessna. Mfuwe, am Rand des South-Luangwa-Nationalpark, steht auf dem Flugplan. Im späten Sonnenlicht zeigen sich tief unten schimmernde Dschungelflüsse, deren mäandernde Läufe sich wie goldene Schlangen durch ein riesiges, dunkles Urwald-Territorium schlängeln. Die gewaltigste dieser Arterien stellt hier der Sambesi, der seine flutbraunen Wassermassen zu Livingstones legendären Victoria Falls transportiert, wo sie donnernd und tosend über 100 Meter tief abstürzen.

Bis zum Parkeingang des South-Luangwa-Nationalpark führt die Reise im offenen Geländefahrzeug durch lebendige Straßendörfer. Fröhlich winken Menschen dem Wagen nach. Rauchsäulen steigen

Anreise/Lage

Flug: Mit South African Airways täglich ab Frankfurt über Nacht via Johannesburg nach Lusaka. Der Kafue-Nationalpark liegt westlich der Hauptstadt.

Auto: Die Fahrstrecke bis zum Wilderness-Basiscamp in Lunga River beträgt circa 200 Kilometer mit teils schwierigen Straßenverhältnissen. Lunga River Camp liegt im äußersten Nordosten des Parks, von hier zu den beschriebenen Camps Busanga, Shumba und Kapinga führt eine raue Buschpiste zu den Busanga Plains, die nur mit geländegängigen Fahrzeugen zu passieren ist.

Air Charter: Ab Lusaka nach Lunga (Star of Africa, Lusaka, starofafrica@zamnet.zm, www.starofafrica.com), von dort weiter per Helikopter oder offroad nach Busanga in 3 Stunden. Die Camps in den Busanga Plains liegen alle nur etwa 20 Minuten Pistenwege voneinander entfernt.

Beste Reisezeit

Von Mai bis Oktober, da während der großen Regenzeit weite Teile der Busanga Plains und auch des Kafue-Nationalparks Land unter und zahlreiche Camps geschlossen sind. Gesundheit: Malariaprophylaxe oder Stand-by-Vorsorge. Für weitere Informationen zur Gesundheit: Länder-Infos des Veranstalters oder unter www.crm.de

Sehen und erleben

Im Lunga River Camp ist die Flussfahrt den Lunga River hinauf mit dem anschließenden Sundowner ein Highlight; die anderen Camps führen abendliche *game drives* durch zum Busanga Plains Hippo Pool, wo sich beim Gin Tonic die Flusspferde zu Dutzenden in den Fluten balgen und sich die Landschaft ringsum zu einer Fatamorgana verwandelt.

Unterkunft

Lunga River Lodge, direkt am Flussufer gelegen, feste Bungalows
Shumba Camp, Luxuszelte auf hölzernen Plattformen in den Busanga Plains, mit Pool
Kapinga Camp, versteckt in einer Bauminsel, Busanga Plains
Busanga Bush Camp, einfach gehaltenes, romantisches Zelt-Camp wie aus Blixens Filmszenen, ebenerdig, alle Camps unter www.wilderness-safaris.com sowie Infos unter Schaffelhuber Communications, Infanteriestr. 19, Haus 5/OG, 80797 München, Tel./Fax 089-99275597, www.schaffelhuber-communications.de, info@schaffelhuber-communications.de

Aktivitäten

Still von der eigenen Veranda aus Wildtiere beobachten, oder an den zahlreich durchgeführten *game drives* im offenen Geländewagen teilnehmen – von morgendlichem Joggen ist abzuraten (!).

Information

Pauschalarrangements sowie detaillierte Beratung beim Spezialveranstalter Abendsonne Afrika, Zur Unteren Mühle 1, 89290 Buch-Obenhausen, Tel. 07343-92998-0, Fax 07343-92998-29, www.abendsonneafrika.de, info@abendsonneafrika.de

allerorts in den Himmel, ein blutroter Sonnenuntergang bereitet auf das Dunkel der hereinbrechenden Nacht vor, lässt seinen Feuerball während der Fahrt zwischen strohgedeckten Rundhütten, riesigen Mangobaumkronen und schlanken Kokospalmen eine Weile mithüpfen. Wohltuend kühlt der Fahrtwind die dumpfe Hitze des Abends. Einer der Mitreisenden ist als WHO-Fachmann unterwegs, mit UN-Aids-Programmen im südlichen Afrika befasst. Er betrachtet die lieblich-gelösten, tropischen und sehr exotischen Bilder aus einem anderen Blickwinkel. Die Statistik, merkt der Gesundheitsexperte an, offenbare keine romantische Perspektive. Sambia verzeichnet die beneidenswerte Bevölkerungsdichte von 14,9 pro Quadratkilometer, Tendenz aufgrund HIV sinkend.

Robin Pope, mit drei großen Safari-Herbergen ein Pionier am Luangwa River, präsentiert mit seinem brandneuen Nkwali Luangwa House afrikanische Lodge-Architektur vom Allerfeinsten. Das laute Grunzen der Flusspferde gleich neben der Dinner-Tafel am Flussufer wird zum Gesprächskiller, und die Nacht zur Safari in der Horizontalen: Elefantentrompeten, aufgeregtes Affengebell, brüllende Löwen und markerschütternde Schreie von irgendetwas kommen hier, mitten im Busch, nicht aus schlechten Träumen.

Zu Fuß durch den Busch
South-Luangwa-Nationalpark: Wilde Flusslandschaften

Das wilde Luangwa Valley im Osten Sambias ist die Geburtsstätte der »Walking Safari«. Die Schönheit der Flusslandschaft und die beeindruckende Tierwelt des South-Luangwa-Nationalparks kompensieren seine schwere Zugänglichkeit.

Sambia scheint auf den ersten Blick aus undurchdringlichem, endlosem Buschland zu bestehen, das für Touristen kaum Attraktionen bietet. Doch tatsächlich sind beachtliche 21 Prozent der Landesfläche – insgesamt 60 000 Quadratkilometer – als Schutzgebiete deklariert, in denen unzählige Wildtiere leben. Sambia zählt damit zu den wichtigsten, aber leider schlecht erschlossenen Wildlife-Destinationen Afrikas.

Die bekannteste Safari-Destination Sambias liegt im Flusstal des Luangwa im Osten des Landes. Der Luangwa entspringt im Nordosten Sambias im Grenzgebiet zu Malawi. Von dort mäandert der breite Fluss auf etwa 800 Kilometern in Richtung Südwesten, bis er im Grenzgebiet zu Mosambik und Simbabwe in den Sambesi mündet. Das Luangwa Valley, ein Ausläufer des Ostafrikanischen Grabenbruchsystems, zählt zu den unberührtesten und wildesten Flusslandschaften Afrikas. Einige Gebiete wurden 1972 als Nationalparks deklariert: Der abgelegene North-Luangwa-Nationalpark liegt am weitesten im Norden, etwas weiter südlich folgt der kleine Luambe-Nationalpark, an den sich der South-Luangwa-Nationalpark am Westufer des Flusses anschließt. Im Westen begrenzt das etwa 1100 Meter hohe Muchinga Escarpement das wilde Flusstal – wegen seiner Steilheit versperrt es von dieser Seite den Zugang in das etwa 50 Kilometer breite Luangwa Valley. Ein Besuch der Parks ist nur während weniger Monate im Jahr in der Trockenzeit sinnvoll: In der Regenzeit zwischen November und Ende März versinkt jeder Geländewagen früher oder später im Schlamm der berüchtigten *black cotton soil*. Außerdem führen die vielen Nebenflüsse des Luangwa in den regenreichen Monaten so viel Wasser, dass eine Querung der Furten unmöglich ist.

Beim Dorf Mfuwe, das lediglich aus ein paar Lehmhütten der Kunda, einer Tankstelle und einigen kleinen Shops besteht, befindet sich der Haupteingang in den South-Luangwa-Nationalpark. Mit 9050 Quadratkilometern ist dieser Nationalpark das größte Schutzgebiet im Flusstal. Der Luangwa, der sich in unzähligen

1 Der Karminspint ist nur eine von 400 Vogelarten im Luangwa-Tal. **2** Impalas sind die am häufigsten gesichteten Antilopen. **3** Ein Löwenbaby hängt ab. **4** Bei der *walking safari* begegnet man nicht nur Thornicroft-Giraffen hautnah.

Schleifen Richtung Süden windet, bildet die Lebensader des Parks. Die Flusslandschaft verändert sich stetig: In der Regenzeit überschwemmt der ansonsten flache Luangwa die Sandbänke und offenen Grasebenen an seinem Ufer. Wenn sich das Wasser nach den Regenfällen wieder zurückzieht, hinterlässt es Lagunen und Altwasserseen, die in der Trockenzeit langsam austrocknen – zum Eintreten der Regenzeit beginnt der Zyklus von vorne. Das Flussufer mit seinen sandigen Bänken, auf denen sich Scharen an Krokodilen sonnen, flankieren mächtige Baobabs, Borassus-Palmen sowie Leberwurst-, Marula- und Mahagonibäume. Das weitläufige Buschland jenseits des Flusses dominiert der in Sambia allgegenwärtige Mopane. Die Pflanze *colophospermum mopane* erkennt man an ihren hübschen schmetterlingsförmigen Blättern, die in der Trockenzeit abfallen. Mal bedeckt Mopane als niedriger Strauch die sandigen Böden, mal bildet er ganze Wälder mit bis zu 18 Meter hohen Bäumen aus. Zu Beginn der Regenzeit sammeln die Einheimischen im ganzen Land die raupenartigen, borstigen

Mopanewürmer und verkaufen sie schwarz geröstet in großen Eimern am Straßenrand – für alle, die sich trauen, ein knuspriger und proteinreicher Snack.

Im Gegensatz zu den umzäunten Parks in Südafrika kennen die Wildtiere im Luangwa Valley keine Grenzen: Schon vor dem Mfuwe Gate versperrt auf der Brücke über den Fluss ein Elefantenbulle den Weg. Er ist doppelt so groß wie der offene Landrover, in dem die Touristen auf Höhe der mächtigen Stoßzähne sitzen. Als das Safari-Fahrzeug versucht, sich hinter ihm vorbeizuschleichen, dreht sich der graue Riese abrupt um und drängt das Auto zurück. Schließlich spaziert er stolz in nur etwa zwei Metern Entfernung vorbei und blickt den Touristen dabei provokant direkt in die Augen. Begegnungen mit Elefanten wie diese gehören in South Luangwa heute zum Alltag – doch das war nicht immer so. Die Wilderei und der Handel mit Elfenbein und Nashorn nahm in den 1970er- und 80er-Jahren solche Ausmaße an, dass die gesamte Nashornpopulation sowie drei Viertel der ehemals 120 000 Elefan-

ten getötet wurden. Naturschützer führten in dem schwer zugänglichen, weitläufigen Luangwa Valley einen nahezu aussichtslosen Kampf gegen die gut ausgestatteten Wilderer. Die Behörden und die lokale Bevölkerung profitierten mit am Elfenbeinhandel und zeigten wenig Handlungsbereitschaft. Erst als der Ausschuss des Washingtoner Artenschutzübereinkommens (CITES) im Jahr 1989 das internationale Handelsverbot für Elfenbein verhängte, brach der Absatzmarkt zusammen. Gleichzeitig sorgte der Safari-Tourismus ab den 1990er-Jahren für eine alternative Einnahmequelle, und so konnte sich die Elefantenpopulation im Luangwa-Tal wieder erholen. Eine Folge der exzessiven Jagd auf Elfenbein ist wohl auch die Tatsache, dass auffällig viele Elefanten im Luangwa-Tal keine Stoßzähne besitzen: Tiere mit dieser genetischen Anomalität wurden nicht geschossen und konnten ihr Erbgut weitergeben – Selektion durch Wilderei. Heute können Safari-Touristen neben Elefanten eine Vielzahl an Antilopen wie Elands, Busch- und Wasserböcke, Kudus und die goldgelben Pukus, Zebras, Warzen- und

1 Der über 800 Kilometer lange Fluss Luangwa windet sich durch völlig naturbelassene Landschaft. **2** Afrikanische Wildhunde gehören zu den bedrohten Arten. **3** Die Thornicroft-Giraffen sind im Luangwa-Tal endemisch. **4** und **5** Ein bewaffneter Ranger begleitet Touristen bei Buschwanderungen und erklärt das richtige Verhalten bei Wildtierbegegnungen.

Stachelschweine, riesige Büffelherden, Löwen, Hyänen, Leoparden, Schakale und die im Park endemischen Cookson-Gnus und Thornicroft-Giraffen mit ihrer dunklen Zeichnung und fast weißen Gesichtern beobachten. Den Luangwa und seine Lagunen bevölkert außerdem eine der größten Populationen an Krokodilen und Flusspferden. Die Flusslandschaft verwandelt sich besonders in der Regenzeit in ein Vogelparadies – zu den 400 Vogelarten im Park gesellen sich ab November die europäischen Zugvögel. Der erfolgreiche Naturschutz im Luangwa Valley ist untrennbar mit einem Namen verbunden: Norman Carr (1912–1997). Er kam 1939 als *white hunter* aus Südafrika ins damalige Nordrhodesien,

1 Von der Terrasse der Mfuwe Lodge aus überblickt man die Mfuwe-Lagune. **2** Die 18 luxuriösen Chalets lassen keine Wünsche offen … **3** … und liegen direkt am Wasser. **4** Über den Poolrand blickt man zum Fluss, der regelmäßig von Elefanten besucht wird. **5–8** Auch bei einer mehrtägigen *walking safari* muss man nicht auf Komfort verzichten: Die Bushcamps der Mfuwe Lodge Chamilandu (**6**), Kapamba (**7**) und Kuyenda (**8**) bieten echtes Wildnisfeeling und Romantik zugleich.

1 Die Kapani Lodge wurde vom Safari-Pionier Norman Carr gegründet. **2** Die Suiten der Lodge sind nostalgisch-komfortabel. **3** Auf der Holzterrasse direkt über dem Fluss trifft man sich zum Abendessen und zu einem Drink. **4** Mitten in der wundervollen Natur schmeckt das Picknick am besten.

um die Felder der Kleinbauern vor Zerstörungen durch die Elefanten zu schützen. Seit 1950 engagierte er sich im Luangwa-Tal wie kein anderer für den Naturschutz unter Miteinbeziehung der Dorfgemeinschaften. Der Pionier gründete in den 1960er-Jahren das erste Safari-Unternehmen in Sambia und veranlasste die Errichtung touristischer Infrastruktur – vom ersten Camp bis zum Bau eines Flugplatzes. Norman Carr erfand außerdem die *walking safari,* auf der man zu Fuß, in Begleitung eines Führers und bewaffneten Rangers, für einen oder mehrere Tage die Wildnis durchstreift. Heute liegt der *father of conservation* in Sambia im Herzen des Parks begraben.

Die Tradition der Walking Safaris führt die von Norman Carr gegründete Kapani Lodge fort. Die Lodge liegt direkt an einer Lagune im Mopanewald außerhalb des Parks und organisiert auf Wunsch von der Anreise per Kleinflugzeug bis zur mehrtägigen

walking safari (Juni–November) mit Übernachtung in einem der rustikalen Buschcamps den kompletten Aufenthalt in Sambia. In den acht komfortablen Zimmern und den zwei großen, frei stehenden *lagoon houses* finden insgesamt 20 Gäste Platz, die vom Personal den ganzen Tag fürsorglich betreut werden.

Wer lieber innerhalb der Parkgrenzen logieren möchte, bezieht eines der schilfgedeckten Chalets der Mfuwe Lodge, die ebenfalls Buschcamps für mehrtägige *walking safaris* im Park unterhält und ganzjährig geöffnet hat. Die Holzchalets gruppieren sich in der parkähnlichen Gartenlandschaft um zwei Lagunen. Von der privaten Terrasse aus kann man Büffel, Zebras und eine Vielzahl an Vögeln am Wasser beobachten. Ein ganz besonderes Tiererlebnis erwartet die Gäste jedoch alljährlich im November/Dezember: Dann wandert unter Führung einer alten Leitkuh jeden Tag eine friedliche Elefantenherde quer durch die offene Lobby und vorbei an der Rezeption in den Garten, um vom großen Mangobaum die reifen Früchte zu pflücken.

Die Lodges engagieren sich in der South Luangwa Conservation Society für die Fortführung der Ideale von Norman Carr, sodass heute nicht nur die Tierwelt, sondern auch die lokale Bevölkerung und die Touristen vom Naturschutz im Luangwa Valley profitieren.

Zeit für South Luangwa

Anreise/Lage

Das Luangwa-Flusstal liegt im Nordosten Sambias.
Flug: Von Lusaka, Livingstone oder Lilongwe zum Masumba Airport 25 km südöstlich des Mfuwe Gate (Parkeingang).
Straße: Von der Hauptstadt Lusaka sind es insgesamt ca. 650 km bis zum Park. Ab Chipata 107 km miserable Wellblech- bzw. Schlammpiste bis zum Masumba Airport (nur mit 4x4), ab dort ca. 25 km Teer bis zum Parkeingang.

Beste Reisezeit

In der Trockenzeit von Mai bis Oktober/November. In der Regenzeit sind die meisten Pisten im Luangwa-Tal unbefahrbar, und einige Lodges haben geschlossen. Ganzjähriges Malariarisiko.

Sehen und erleben

Die wilde Flusslandschaft und beeindruckende Tierwelt im **Luangwa-Tal.**

Unterkunft

Kapani Lodge, einige Kilometer außerhalb des Parks, Norman-Carr-Safaris, P.O. Box 100, Mfuwe, Sambia, Tel. 00260-216-246025 und 00260-216-246015, www.normancarrsafaris.com, kapani@normancarrsafaris.com
Mfuwe Lodge, im Park kurz hinter dem Mfuwe Gate, The Bushcamp Company, P.O. Box 91, Mfuwe, Sambia, Tel./Fax 00260-6-246041, www.mfuwelodge.com, www.bushcampcompany.com, info@bushcampcompany.com

Eintrittspreise

Erwachsene 25 US-$/Tag, für Selbstfahrer 30 US-$/Tag plus 15 US-$/Pkw.

Aktivitäten

Tierbeobachtungen zu Fuß oder mit dem Safari-Fahrzeug.
Bootsausflüge auf dem **Luangwa River.**
Mehrstündige bis -tägige **Walking Safaris** (nur zwischen 1. Juni und 31. Oktober).
Großwildjagd in der angrenzenden **Lupande Game Management Area.**
Besuch eines traditionellen Kunda-Dorfes.

Information

Zambia Wildlife Authority Board (ZAWA), Private Bag 1, Chilanga, Tel. 00260- 1-278513 und 00260-1-278366, Fax 00260-1-278365, www.zawa.org.zm, info@zawa.org.zm
Zambia National Tourist Board, Cairo Road, Century House, Lusaka, Tel. 00260-1-229087, Fax 00260-1-225174, www.zambiatourism.com, zntb@zambiatourism.org.zm

The mighty Zambezi
Lower-Zambezi-Nationalpark: Fischen und Kanu fahren

Eine Kanufahrt auf dem Sambesi mit seinen Sandinseln, Lagunen und Seitenarmen gehört zu den schönsten Arten, Afrikas Wildtiere zu beobachten. Der Fluss, der auf beiden Uferseiten in Sambia und Simbabwe unter Schutz steht, gilt außerdem als eines der besten Reviere zum Tigerfisch- und Riesenwels-Angeln.

Träge bahnt sich der mächtige Sambesi, mit 2700 Kilometern der viertlängste Fluss Afrikas, seinen Weg Richtung Indischer Ozean. Von den Victoria Falls bei Livingstone verläuft er als Grenzfluss zwischen Sambia und Simbabwe in Richtung Nordosten. Bei Kariba wird er seit 1985 zu einem der größten Seen des Kontinents gestaut. Das umstrittene Projekt zwang Zigtausende Menschen zur Umsiedlung. Naturschützer retteten damals in einer weltweit unvergleichlichen Aktion, der »Operation Noah«, Tausende Wildtiere vor den Fluten. Vom Karibasee fließt der Sambesi weiter Richtung Osten durch das wildreiche Zambezi Valley. Im Grenzdreieck zwischen Sambia, Simbabwe und Mosambik stehen die Uferbereiche des Sambesi als Nationalparks unter Schutz: am sambischen Nordufer als Lower Zambezi, am simbabwischen Südufer als Mana-Pools-Nationalpark. Der 1983 proklamierte Lower-Zambezi-Park ist Sambias jüngstes und mit einer Gesamtfläche von 4090 Quadratkilometern viertgrößtes Schutzgebiet – nach Kafue, North und South Luangwa. Der Park erstreckt sich auf einer Länge von 120 Kilometern entlang des Flusses, im Westen begrenzt vom 1360 Meter hohen Zambezi Escarpement. Die Wassergewalt, die der Strom an den spektakulären Victoria Falls und in den darauffolgenden Schluchten entwickelt, lässt sich im Lower-Zambezi-Park nur noch erahnen. Dort erreicht der Sambesi eine Breite von 1,6 Kilometern und strömt leise plätschernd dahin.

Wir reisen Ende September, in der heißesten Zeit mit Temperaturen von über 40 Grad Celsius, in den Park. Die Piste verläuft vom Grenzort Chirundu in Richtung Osten zum Kafue-Fluss, den wir per Ponton überqueren. Attacken der aggressiven Tsetsefliegen zwingen uns dazu, bei der schwülheißen Hitze mit geschlossenen Fenstern zu fahren. Der Chongwe-Fluss, der in den Sambesi mündet und zu anderer Jahreszeit trocken liegt, bildet die Ostgrenze des Parks und das größte Hindernis. Von der steilen Uferböschung

1 Von der Terrasse der luxuriösen Zeltunterkünfte im Chiawa Camp aus kann man die Tiere am Sambesi-Flussbett beobachten. 2 Großer Fang: Der Riesenwels wiegt bis zu 50 Kilogramm. 3 Auf *game drive* im Park. 4 Die Elefanten schwimmen regelmäßig durch den breiten Fluss von Simbabwe nach Sambia.

1 Elefantenherden von bis zu 100 Tieren bevölkern das Flussufer. 2 Aus der Froschperspektive im Kanu wirken die Wildtiere besonders beeindruckend. 3 In den Safari-Zelten mit kolonialem Flair fühlt man sich wie einst Hemingway. 4 In der Wanne planschen und dabei Tiere beobachten …

gleitet der Toyota ins Wasser, das an den Türen gefährlich hoch steigt. Eine Erkundung der Wassertiefe zu Fuß war nicht möglich: Im Fluss tummeln sich Krokodile, ein kleineres Exemplar schieben wir sogar mit der Motorhaube sanft zur Seite. Am anderen Ufer beginnt der Nationalpark. Baobabs und Apfelringakazien (Ana-Bäume), deren proteinreiche Früchte zur Leibspeise der großen Elefantenherden im Park gehören, unterbrechen das lockere Mopanebuschland. Auf den Kilometern bis zum Chiawa Camp begegnen uns Kudus, Zebras, Wasserböcke und massenweise Impalas, die wegen ihrer Vielzahl auch *zambezi goat* getauft wurden. Sie dienen als sichere Beute für die gesunde Löwen- und Leopardenpopulation im Park.

Das von der südafrikanischen Familie Cumings gegründete Chiawa Camp direkt am Sambesi-Ufer war 1989 die erste touristische Ein-

richtung im Park. Die Cumings waren auch Gründungsmitglieder der Initiative Conservation Lower Zambezi, die sich in Zusammenarbeit mit der sambischen Nationalparkbehörde und unter Miteinbeziehung der lokalen Dorfgemeinschaften gegen die Wilderei engagiert. Während sich der simbabwische Mana-Pools-Nationalpark schon in den 1980er-Jahren den Ruf als eines der schönsten Safari-Ziele Afrikas verdiente, gab es im Lower-Zambezi-Park am Nordufer des Flusses noch keinerlei touristische Infrastruktur. Außerdem litt die Tierwelt bis in die 1990er-Jahre unter der exzessiven Wilderei. Die Wilderer machten reiche Beute mit Elfenbein und besonders mit dem internationalen Buschfleischhandel. Seit der Gründung von Conservation Lower Zambezi verbesserte sich die Lage zwar erheblich, dennoch finden die Ranger, die im Park patrouillieren, immer noch regelmäßig Drahtschlingenfallen.

Die Gäste im Pioniercamp Chiawa genießen heute umfassenden und besonders persönlichen Service. Die luxuriös ausgestatteten Safari-Zelte liegen unter hohen Bäumen im Uferwald verteilt. Sowohl von der nostalgischen Badewanne als auch von der Holzveranda genießt man den Blick auf den Sambesi und die grüne Ufer-

wiese, auf der nachts Büffel, Elefanten und Flusspferde weiden. Auch die beiden in diesem Revier heimischen Löwenrudel sowie die nachtaktiven Honigdachse und Stachelschweine sind regelmäßige Besucher des Pioniercamps Chiawa.

Zu den schönsten Aktivitäten im Park gehört eine Kanutour auf dem Fluss mit seinen vielen Nebenarmen und Lagunen. Jeweils zu zweit steigen wir in die Fiberglasboote und paddeln den breiten, selbst zur Regenzeit maximal vier Meter tiefen Strom flussabwärts. Über dem Sambesi türmen sich dunkle Gewitterwolken, die mit dem grünen Mopanewald auf der simbabwischen Seite kontrastieren. Die Äste von Ilala-Palmen, Akazien, Mahagoni- und Feigenbäumen hängen weit übers Ufer. Die violetten Blüten der Wasserhyazinthen bedecken zum Teil die gesamte Oberfläche der kleinen Seitenarme und Lagunen. Von den 320 im Park heimischen Vogelarten beobachten wir Jacanas, Ägyptische Gänse, Sattelstörche, Kiebitze, Goliathreiher, Ibisse, Königsfischer und die majestätischen Schreiseeadler. Warzenschweine, Wasserböcke und eine Hyäne, die in den Auen nach Essbarem suchen, nehmen uns kaum wahr, als wir in nur wenigen Metern Entfernung vorbeigleiten. Wohl

1 Die Royal Zambezi Lodge am Rande des Nationalparks liegt direkt am Fluss. **2** Sie bietet den Komfort eines Luxushotels und ... **3** ... dazu ein Wellnessprogramm von Massage bis Pediküre.

keine Art der Tierbeobachtung könnte entspannter und mehr im Einklang mit der Natur verlaufen. Für Nervenkitzel auf der Kanufahrt sorgen jedoch die vielen Flusspferde und Krokodile im Sambesi – Zählungen im Park ergaben eine Dichte von 75 Hippos und 150 Crocs pro Flusskilometer! Der Bootsführer warnte uns daher dringend davor, die Hände ins Wasser zu halten ... Auch wegen der Hippos ist von den Kanuten ständige Aufmerksamkeit gefordert, denn die so schwerfällig wirkenden Pflanzenfresser gelten als die gefährlichsten Säugetiere in Afrika. Regelmäßig passieren auf dem Kontinent Unfälle, bei denen unvorsichtige Bootslenker, die ins Revier eines Flusspferdes gerieten, von deren bis zu 70 Zentimeter langen Eckzähnen getötet wurden.

Am nächsten Tag verlassen wir den Park in Richtung Royal Zambezi Lodge in der angrenzenden, ebenfalls geschützten Game Management Area. Die Lodge hat mit ihrem großen Hauptgebäude mehr Hotelcharakter und weniger Buschfeeling als das Chiawa Camp, kann aber mit ebenso grandioser Lage direkt am Fluss aufwarten. Um Elefanten, Hippos und Wasservögel zu beobachten, müssen wir nicht einmal unser luxuriöses Safari-Zelt verlassen – von der Holzveranda mit privatem Badebecken blicken wir direkt aufs Wasser. Auf einer der Sandinseln in der Mitte des Flusses stopfen sich zwei Elefanten dicke Schilfbündel ins Maul. Nach einiger Zeit marschieren sie langsam ins tiefe Wasser und schwimmen ans gegen-

überliegende Ufer. Kaum zu glauben: Diese tonnenschweren Kolosse bewegen sich geradezu elegant im Fluss. Ab und zu tauchen sie unter, drehen Pirouetten unter der Oberfläche und strecken zwischendurch den Rüssel nach oben, um wie mit einem Schnorchel nach Luft zu schnappen.

An nächsten Tag steht *tiger fishing* mit dem Motorboot auf dem Programm. In der Saison zwischen Ende September und November reisen passionierte Fischer aus Südafrika und der ganzen Welt hierher, um einen besonders großen Tigerfisch oder Afrikanischen Wels zu fangen – und anschließend wieder in die Freiheit zu entlassen, denn im Nationalpark darf nicht gejagt werden. Kaum sind die Köder platziert und die Angel ausgeworfen, reißt es schon an

Zeit für den Lower Zambezi

Anreise/Lage

Der Lower-Zambezi-Nationalpark schützt die nördliche Uferregion des Sambesi im Osten Sambias, südlich des Flusses grenzt der Mana-Pools-Nationalpark in Simbabwe an.
Flug: Royal Airstrip wenige Kilometer außerhalb des Parks bei der Royal Zambezi Lodge, weiterer Jeki Airstrip im Park. Charterflüge ab Lusaka und South-Luangwa-Nationalpark (Buchung über die Lodges).
Auto: Ca. 140 km gute Teerstraße von Lusaka bis zur Grenzstadt Chirundu, dann 77 km schlechte Piste bis zum Chongwe Gate; in der Regenzeit nicht passierbar.

Beste Reisezeit

In der Trockenzeit von April bis September. Im Oktober/November extrem heiß und kaum nächtliche Abkühlung. In der Regenzeit (November-März) haben viele Lodges geschlossen. Die beste Zeit für Tiger Fishing ist Oktober und November.

Sehen und erleben

Erkundung der **einzigartigen Flusslandschaft am Sambesi** – zu Fuß, mit dem Safari-Fahrzeug, dem Motorboot oder Kanu.

Unterkunft

Chiawa Camp, im Nationalpark, P.O. Box 30972, Lusaka, Zambia, Tel. 00260-211-261588, www.chiawa.com, info@chiawa.com; Geöffnet von Anfang April bis Mitte November.
Royal Zambezi Lodge, ca. 3 km vom Chongwe Gate, P/Bag CH42, Lusaka, Zambia, Tel. 00260-211-840682, www.royalzambezilodge.com, royalzambezihq@iwayafrica.com; Ganzjährig geöffnet.

Eintrittspreise

Erwachsene 25 US-$/Tag, für Selbstfahrer 30 US-$/Tag plus 15 US-$/Kfz.

Aktivitäten

(Mehrtägige) **Kanufahrten auf dem Sambesi.**
Fliegen- und Sportfischen (Catch & Release Fishing).
Tierbeobachtungsfahrten per Motorboot und Fahrzeug.
Wanderungen im Park.

Information

Zambia Wildlife Authority Board (ZAWA), Private Bag 1, Chilanga, Tel. 00260-1-278513, www.zawa.org.zm, info@zawa.org.zm
Zambia National Tourist Board, Cairo Road, Century House, Lusaka, Tel. 00260-1-229087, Fax 00260-1-225174, www.zambiatourism.com, zntb@zambiatourism.org.zm, Infos über die Aktivitäten der privaten Naturschutzorganisation **Conservation Lower Zambezi,** www.conservationlowerzambezi.com.zm

unserer Schnur. Die sich biegende Angel zu halten und gleichzeitig an der Kurbel zu drehen, erfordert vollen Körpereinsatz – *tiger fishing* ist tatsächlich Sport! Als wir den silber-schwarz gestreiften Fisch schließlich wild zappelnd aus dem Wasser ziehen, hängt ihn der Bootsführer an eine Federwaage: zwölf Pfund! Das geöffnete Maul des Tigerfischs offenbart auch den Grund, warum unser Führer ihn so vorsichtig vom Haken löste: Die messerscharfen Zähne stehen denjenigen eines Piranhas in nichts nach.

Mit einem letzten Amarula-Likör an der Sausage Tree Bar unter den ausladenden Ästen eines Leberwurstbaumes mit seinen schweren, wurstförmigen Früchten genießen wir die letzten Stunden am *mighty Zambezi,* dem mächtigen Sambesi.

Mosi-O-Tunya's »donnernder Rauch«
UNESCO-Weltnaturerbe Victoria Falls

Auf ewig bleiben David Livingstone und Königin Victoria durch die mächtigen Fälle des Sambesi verbunden, so wie die beiden ehemaligen Kolonien Sambia und Simbabwe: Der größte Teil des Besichtigungstrubels findet derzeit im sambischen Livingstone statt, der geringere jenseits der grenzüberschreitenden Victoria-Brücke im simbabwischen Städtchen Victoria Falls.

Es muss eine außergewöhnliche Anreise gewesen sein, damals, im Jahr 1855, als Dr. David Livingstone den mächtigen Sambesi hinunterfuhr. Ohne kartografische Hilfsmittel, ohne Verbindung zur Außenwelt, und hinter beiden Ufern die unerforschte, geheimnisvolle Wildnis Afrikas. Ein gewaltiger Nebel zeigte sich den Menschen im Boot, in der Ferne, der nicht zu deuten war. Bis ein gewaltiges Rauschen einsetzte. »Schon von Weitem hört man ein dumpfes Geräusch«, beschreibt August Wilhelm Grube (*Geographische Charakterbilder*, Friedrich Brandstetter Verlag, Leipzig, 1923) die Szene, »wie von fern rollenden Wagen – so verraten sich die Fälle von ferne, bis auf 30 Kilometer in der Runde. Livingstone, der sie zum ersten Mal sah, erzählt, dass die Makololo die Fälle Mosi-o-tunya, d.h. »Rauch macht Getöse«, nannten. Der feine Sprühregen, in dem sich die von der stürzenden Flut herabgerissene und niedergepresste Luft emporwirbelnd befreit, erzeugt einen ständigen Regenbogen über dem schäumenden »Altar der Wasser« – »er ernährt an dem schaurigen Schlund, in den sich die Wasser ergießen, den Urwald mit seinen hochstämmigen Laubbäumen, seinen Palmen, Lianen und Farnkräutern.«

Livingstone benannte das Naturwunder, das er gerade entdeckt hatte, zu Ehren seiner Königin Victoria Falls. Und hielt in seinem Tagebuch (*Zum Sambesi und quer durchs südliche Afrika,* 1857) über den Augenblick fest: »The whole scene was extremely beautiful, the banks and islands dotted over the river are adorned with sylvan vegetation of great variety and colour and form ... no one can imagine the beauty of the view from anything witnessed in England. Scenes so lovely must have been gazed upon by angels in their flight.« Auch Geograf Grube schwärmt ein halbes Jahrhundert später von diesem verschlafenen Strom, der ruhig zwischen Palmen, Bambus- und Papyrusinseln in biblischer Anmut dahinzieht. Bis es abwärtsgeht: »Da legt sich plötzlich eine 120 Meter tiefe Quer-

1 und **2** Afrika pur inszeniert das Royal Livingstone Hotel nicht nur zur traditionell-britischen *tea time.* **3** Zambesi Sun Hotel in Livingstone. **4** Während der Regenzeit zwischen März und Mai präsentieren sich die Victoria Falls am eindrucksvollsten.

1 und **2** Regenbögen spannen sich tatsächlich so unwirklich über die Schluchten des Sambesi, der hier gemächlich auf die Fälle zusteuert. **3** Die Stanley Safari Lodge über den Hügeln der Stadt. **4** und **5** Eine Luxury African River Safari an Deck der Sambesi Queen produziert filmreife Bilder.

schlucht vor seinen Lauf, die etwa 70 bis 90 Meter breit ist. Tobend stürzt er hinab in vielen einzelnen Fällen, der bedeutendste ist der Teufelsfall – und erzwingt sich einen schmalen Ausgang aus der Querschlucht, über die die Eisenbahnbrücke gespannt ist.« Eine Million Liter Wasser pro Sekunde stürzen durchschnittlich in die Tiefe. Während der Regenzeit zwischen März und Mai können es zehnmal so viel sein.

Über anderthalb Jahrhunderte liegt Livingstones abenteuerliche Bootsfahrt auf dem Sambesi zurück. Heute gehen auf dem modernen Airport der Stadt, die seinen Namen trägt und stattliche 140 000 Einwohner verzeichnet, große Maschinen herunter. Denn Sammler von Weltwundern strömen aus allen Winkeln des Globus hierher. Die sich in einem halben Dutzend Warteschlangen vor den sechs Einreiseschaltern wiederfinden. Wer den Haken an seiner Liste der Attraktionen unbedingt braucht, soll nur kommen. Aber auch gefasst darauf sein, dass die Fälle seit langer Zeit eine

beliebte Schnittstelle für Afrika-Reisende sind, also schon zu Kolonialzeiten ein touristisches Highlight zwischen den britischen Besitzungen Rhodesien und dem heutigen Sambia. Und eine massive Infrastruktur aufbieten in Form von Hotels, Lodges und Gästehäusern, Reiseagenturen, Charter-Airlines und *just-for-fun*-Anbietern. Ganz oben auf der beinahe unüberschaubaren Aktionsliste stehen Flüge über die Fälle im Doppeldecker oder im Hubschrauber, und natürlich ein *high-tea*-Picknick auf Livingstone Island. Weil sich vom felsigen Inselchen, das nur einen Steinwurf von dem Rand der Fälle entfernt ist, bis kurz vor die Abbruchkante der Wassermassen waten lässt. Was den ultimativsten Kick – und das allerspektakulärste Foto zum Vorzeigen daheim – sichert. Die echten Adrenalin-Angebote folgen mit Bungee-Sprüngen von der Victoria-Brücke, Abseiling in der Batoka Gorge, Wildwasser-Rafting zwischen herabstürzenden Wassermassen sowie wilde Speedboot-Trips durch tosende Schluchten. Dagegen nehmen sich Aktivitäten wie Kanu- oder Kajak-Exkursionen auf dem Oberen Sambesi, Flussfahrten auf der »Victoria Queen«, Jeep-Safaris, Quadbiken, Golfen, Angeln und Elefantenreiten sehr normal aus. Der Helikopter-Pilot zieht im Tiefflug über die Fälle hinweg. Ein gewaltiger, lang gezogener, schmaler Grabenbruch zeigt sich in der ansonsten flachen Landschaft. Weiße Kaskaden stürzen über

seine Ränder in tiefe Schluchten. *Mosi-O-Tunya* schwebt als Sprühnebelwolke über diesem Naturwunder, nur vom Donnern ist im brummenden Chopper rein gar nichts zu hören. DieVictoria-Brücke, Baujahr 1904, kommt in Sicht. Fragil spannt sich das Wunderwerk über die Schluchten des Sambesi und verbindet Sim-

babwe mit Sambia. In der Mitte ist die Bungee-Station zu erkennen, an der ein nicht abreißender Strom an simbabwischen Lastenträgerinnen vorbeizieht, die im kleinen Grenzverkehr Versorgungsgüter aus Livingstone in ihre verarmte Heimat schaffen. Viel schneller als die mühselig schleppenden Frauen sind die Adrenalin-Junkies im sambischen Wirtschaftswunder-Land, die im *flying-fox*-Geschirr hängen und an einem Drahtseil über die Schlucht von Simbabwe nach Sambia rasen. In endlosen Schlangen stauen sich Sattelschlepper zu beiden Seiten der über hundertjährigen Brücke. »One at a time« warnt ein Hinweisschild schwere Laster, die Mugabes einstiges Musterland mit dem Allernötigsten versorgen. Aus der Vogelperspektive ist das historische Flaggschiff aller Top-Class Kolonialherbergen Afrikas zu erkennen, einen Steinwurf von der Brücke entfernt: das legendäre Victoria Falls Hotel. Beim anschließenden Besuch zeigt »Vic Falls« immer noch auf majestätische Art Größe. In der Eingangshalle grüßen eindrucksvolle Porträts von »Queen Mary« und »His Majesty King Georg V.«, vom gepflegten englischen Garten aus geht der Blick auf *Mosi-O-Tunya*, den »donnernden Rauch« jenseits von Victoria Bridge. Das Messingschild »Cape Town 1647 miles – Cairo 5165 miles« erinnert an den großen britischen Traum vergangener Zeiten, eine durchgehende Zugverbindung von Ägypten bis nach Südafrika zu schaffen.

1 Auch wenn man sich das »Royal Livingstone« ... **2** ... eher als prachtvollen Kolonialbau vorstellen möchte ... **3** und **4** ... bietet das moderne River-Resort ein Ambiente aus längst vergangenen Zeiten.

Draußen, vor den Hoteltoren, bietet der Bahnhof von Victoria Falls einen traurigen Anblick. Die Arrival/Departure-Tafel auf dem Bahnsteig zeigt keine Züge an. Auf dem Gleis Richtung Harare steht eine prächtige, alte Lokomotive der National Railways of Zimbabwe unter Dampf. Westliche Besucher fotografieren begeistert, während der Lokführer mit gequältem Lächeln aus dem Führerhaus in die Kameras blickt. Natürlich behauptet Victoria Falls, einen viel attraktiveren Blick auf die Fälle zu haben als das sambische Livingstone drüben. Weshalb sich auch hier eine ganze Reihe nobler Urlaubsdomizile findet, wie The Kingdom of Victoria Falls, das Elephant Hill Intercontinental Resort, die altkoloniale Ilala Lodge sowie die exklusivste von allen, die Victoria Falls Safari Lodge. Allerdings hat der Touristenort auf der simbabwischen Seite einen Großteil des Geschäfts an Livingstone auf der sambischen Seite abtreten müssen, das sich entsprechend rasant entwickelt. Die erstklassigen Herbergen stellen hier das Zambesi Sun und das Royal Livingstone. Letzteres ist nur wenige Jahre alt, transportiert aber als feines Flussdomizil am Ufer des Sambesi, in Sichtweite der aufsteigenden Wassernebelschwaden, mit livriertem Dienstpersonal, kreisenden Deckenventilatoren und einer exklusiven Hochpreisigkeit die koloniale Atmosphäre aus vergangenen Zeiten. Was ebenso auf den noblen River Club des Lodge-Spezialisten Wilderness Safaris zutrifft, der flussaufwärts residiert. Neben

einer Vielzahl anspruchsvoller Hotels und Lodges haben sich auch preiswertere Unterkünfte etabliert wie beispielsweise The Waterfront, das neben der Anlegestelle des Flussdampfers Victoria Queen durch seine Preise vor allem das jüngere Traveller-Publikum anspricht.

Auf einer Anhöhe über Livingstone hat sich die Stanley Safari Lodge den Namen desjenigen zu eigen gemacht, der sich 1871 als Reporter des New York Herald von Sansibar aus mit 200 Trägern auf den Weg machte, um den verschollenen Livingstone zu suchen, Henry Morton Stanley. Vielfach kolportiert sind Stanleys Begrüßungsworte (»Dr. Livingstone, I presume?«), als er den vermissten und schwer erkrankten Briten am 1. November in der Nähe des Tanganjika-Sees endlich findet. Stanley schaffte es nicht, den Naturforscher zu überzeugen, nach Europa zurückzukehren. Nach Livingstones Tod schleppten seine Helfer den Leichnam Tausende Kilometer durch Afrika, um ihn »nach Hause« zu bringen. In der Westminster Abbey liegt er begraben. Die klingenden Namen der beiden Afrika-Legenden sind ein Glück für Safari-Unternehmen, Hotels und Tour-Operator, die entweder den einen oder den anderen in ihrer Firmenbezeichnung tragen. Oder manchmal auch beide zugleich, wie das Beispiel des feinen »The Stanley & Livingstone« in Victoria Falls zeigt.

Zeit für die Victoria Falls

Anreise/Lage

Flug: Mit South African Airways sowie Air Namibia über Johannesburg bzw. Windhoek nach Livingstone (Sambia) bzw. Victoria Falls (Simbabwe).

Auto: Über Caprivi/Namibia über Chobe-Brücke in Ngoma bis nach Kasane in Botswana, und von da aus weiter nach Victoria Falls. Livingstone ist von Katima Mulilo aus über den Grenzübergang Wenela zu erreichen.

Air Charter: Zahlreiche Charter-Airlines verbinden die Lodges Botswanas/Okavango-Delta mit Livingstone sowie Victoria Falls.

Beste Reisezeit

Während der Regenzeit zwischen März und Mai präsentieren sich die Fälle am wasserstärksten, also am eindrucksvollsten, was die Besichtigung durch Sprühnebel aber auch zu einer feuchten Veranstaltung werden lässt. Gesundheit: Malariaprophylaxe oder Stand-by-Vorsorge. Für weitere Informationen zur Gesundheit: Länder-Infos des Veranstalters oder unter www.crm.de

Sehen und erleben

Geführte Touren zu den Victoria Falls, River-Cruises auf dem Sambesi, Tagestouren zur jeweils anderen Seite der Fälle (Simbabwe/Sambia), wobei sich Simbabwe rühmt, den besseren Blick zu haben, Tea Time auf Victoria Island, einer kleinen Insel kurz vor dem Abgrund ...

Unterkunft

Livingstone (Sambia): The Royal Livingstone, Mosi-O-Tunya Road, Livingstone, Sambia, Tel. 00260-21-3321122, Fax 00260-21-3322128, www.royal-livingstone-hotel.com, falls@sunint.co.za, www.suninternational.de, sowie **Stanley Safari Lodge,** P.O. Box 60439, Livingstone, Sambia. Tel. 0027-72-1708879, Fax 001 206 350 0259, www.stanleysafaris.com, reservations@stanleysafaris.com

Victoria Falls (Simbabwe): The Stanley & Livingstone at Victoria Falls, c/o Rani Resorts, P.O. Box 2682, ZA-Witkoppen 2068, South Africa, Buchungszentrale: Tel. 0027-11-6580633, Fax 0027-11-6580632, www.raniresorts.com, reservations@raniresorts.com

Aktivitäten

Adrenalin-Angebote: **Bungee-Springen** (von der Victoria-Brücke), **Abseiling** in der Batoka Gorge, **Wildwasser-Rafting, Speedboot-Trips, Kanu** oder **Kajak** auf dem Oberen Sambesi, **Jeepsafaris, Quadbiken, Golfen, Angeln** und **Elefantenreiten.**

Information

Pauschalarrangements sowie detaillierte Beratung beim Spezialveranstalter Abendsonne Afrika, Zur Unteren Mühle 1, 89290 Buch-Obenhausen, Tel. 07343-92998-0, Fax 07343-92998-29, www.abendsonneafrika.de, info@abendsonneafrika.de

Jagdszenen vor dem Liegestuhl
Okavango-Delta: der Garten Eden der Wildtiere

Unter den Pfahlbauten luxuriöser Wildlife-Lodges verbreiten sich die einzigartigen Landschaften des Okavango-Deltas – animalische Bühnenstücke mit Raubtierakteuren inklusive. Kein Safari-Erlebnis ist so teuer wie hier, und so exklusiv: In Botswana bewegen sich in großen Mengen nur Tiere.

Anderthalb Flugstunden sind es von Johannesburg oder Windhoek bis nach Maun, am südöstlichen Rand des Okavango-Deltas. Weil es die Eintrittskarte zum viel begehrten Okavango-Delta und den Tierparadiesen Chobe-Nationalpark, Moremi-Nationalpark sowie Makgarikgari Pans vergibt, hat sich das stetig wachsende Provinzstädtchen (mindestens 50 000 Einwohner) zum touristischen Zentrum Botswanas entwickelt. Sein Airport gilt als einer der umtriebigsten in ganz Afrika, weshalb sich Übernachtungsherbergen, Reiseagenturen, Charter-Airlines und Safari-Unternehmen, Supermärkte sowie Outlets von Fastfood-Ketten inmitten eines kuriosen Mix aus modernen Betonbauten, baufälligen Baracken und traditionellen Rundhütten aus Lehm wiederfinden. Die wenigsten Reisenden werden Maun zu sehen bekommen. Weil sie auf Mauns 2000 Meter langer Runway zwar landen, aber im nächstmöglichen Moment schon wieder abheben. Dutzende Ein- und Zweimotorige parken neben der Runway. Nach dem Auftanken bleibt ihnen zum Ausruhen wenig Zeit. Im Pendelverkehr sorgen sie für den Gästeaustausch der Lodges auf den Inseln der Wildtiere da draußen, was ihren emsigen Flugbetrieb zwischen den Zapfsäulen Mauns und der Wildnis erklärt. 30 Flugminuten sind es von hier bis zum Wilderness Camp Xigera. Unten ziehen endlos glitzernde Wasserflächen vorbei, unterbrochen von Bauminseln. Dann wieder weite trockene Flächen, die aus der Vogelperspektive wie herrlich gepflegte Golfplätze aussehen, aber hier und dort dick durchzogen von Hufspuren sind. Der Anflug ist schon Safari: Würdevoll stolzieren Giraffen dort unten, Elefantenherden durchziehen planschend das Nass, Flusspferdfamilien dümpeln als dicke Klöpse im Wasser, nur von den gefräßigen Krokodilen ist von oben noch nichts zu sehen. Versteckt auf einer Bauminsel residiert das Xigera Camp im Moremi Game Reserve. Das nach Batawana-König Moremi III. benannte Naturschutzgebiet im Herzen des Okavango-Deltas umfasst mit 5000 Quadratkilometern Fläche ein Drittel des gesamten Deltas, und zählt mit seinen Feuchtgebieten, Trocken-

1 Im üppigen Naturparadies des Moremi Game Reserve versteckt: die Xigera Lodge. 2 Gut drauf: das Xigera-Team. 3 Okavango-Delta-Safari im Wagen ... 4 ... und im *mokoro*, dem landestypischen schmalen Einbaum.

inseln, bewaldeten Flussauen, Marschen, Lagunen und Wasserstraßen zu den Top-Destinationen. Nicht ausschließlich aufgrund
seiner natürlichen Schönheit: Die bezaubernde und zaunlose Wild-
tier-Oase wartet mit der dichtesten Population aller Dschungel-
buch-Kollegen auf, Spitzmaulnashorn und seltene Wildhunde inklusive. Weshalb die Hauptlodge sowie Wirtschaftsgebäude und die
zehn Luxus-Zeltplattformen des Camps allesamt auf Pfähle gesetzt
sind. Hölzerne Laufstege dienen als halbwegs sichere Verkehrs-
wege, wenngleich die Kronen von Phoenix-Palmen, Mangosteen-
Bäumen und Jackalberry das aufregendste Affentheater be-
herrscht. Teko:mbwe Ketlogetswe, 50, arbeitet hier als erfahrener
Wildlife Guide. Geboren und aufgewachsen ist er gleich nebenan.
In einen Affenbrotbaum, erzählt er, auf einer benachbarten Delta-
Insel, haben sie als Jungs mal ihre Namen geschnitzt. Am nächsten Tag geht es im *mokoro*, dem landestypischen Einbaum, durch
ein Gewirr von Kanälen und Wasserstraßen. Der ausgehöhlte afrikanische Ebenholzbaum sieht als traditionelles Wassergefährt
ziemlich echt aus, ist aber per Regierungsdekret aus Kunststoff.

Um hundertjährige Marula-Riesen, Ebenholz und Sambesisches
Teak, die als *mokoros* nur ein paar Jahre überstehen würden, zu
schützen. Fiberglasboote halten ewig. Bis zu vier Meter hohe
Papyrusstauden, wucherndes Schilfgras und dichtes Buschwerk
prägen die Uferlandschaften, die lautlos vorbeischweben. Fischadler und Reiher steigen mit klatschenden Flügelschlägen auf, riesige Krokodile, kaum zu bemerken, gleiten elegant wie in Zeitlupe
ins Wasser, wenn ihnen das Boot zu nahe kommt. Wild blühende
Seerosen bedecken beinahe die gesamten Wasserflächen. Die
verwitterte Inschrift eines mächtigen Affenbrotbaums zeigt tatsächlich Tekos Namen. Er trägt keine Waffe. Schon während der
Fahrt mit dem Safari-Landcruiser nicht, als ein Elefantenbulle, mit
langen Stoßzähnen bewehrt, gereizt und sehr angriffslustig auf
den Wagen zustampfte. Auch jetzt nicht, als unvermittelt die Statik
der Stille durchbrochen wird: Wie der leibhaftige Teufel taucht
ein Flusspferd-Koloss aus dem Untergrund auf, durchbricht den
dichten Teppich aus Seerosen und bringt das schmale Boot beinahe zum Kentern. Wildtiere sind unberechenbar. Es gibt Regeln,

erklärt Teko. Weglaufen löst den Jagdreflex aus, das kennen Jogger von Hunden. Im Zweifelsfall, so Teko, sollte man einen Schritt auf das Tier zugehen, um die eigene Furchtlosigkeit zu demonstrieren. Was bei einem wutschnaubenden Nashorn nicht einfach ist. Bei einem angespannt blickenden Löwen, der sich schon das Maul leckt und dabei seine furchterregenden Reißzähne entblößt, erst recht nicht. Jetzt könnte Regel zwei greifen: Bei Großkatzen unbedingt Blickkontakt halten! Nur bei Leoparden gerade nicht, weil das zur tödlichen Ausnahme werden könnte. Richtig sei auf jeden Fall immer, die Atmosphäre der Wildtiere zu respektieren. Das heiße, Distanz zu wahren, und im Zweifelsfall langsam Raum geben, das heißt, seinen Rückzug signalisieren. Der Erfolg desselben hänge allerdings nicht nur vom Hunger der Raubtiere ab, grinst Teko, sondern vielfach von der eigenen Nervenstärke.

Botswanas Okavango-Delta ist mit einer Fläche von 16 000 Quadratkilometern beinahe so groß wie das Bundesland Hessen und stellt das im botswanischen Nirgendwo versickernde Ende des 1430 Kilometer langen Okavangos dar, dem drittlängsten Fluss

1 Schon der Anflug gerät zur Safari: Giraffen, Elefanten und Flusspferdfamilien sind unten zu sehen. **2** Das Nxabega Okavango Safari Camp von &Beyond in Sandibe. **3** Stilvolles Bad im Camp.

Afrikas. Seine Wassermassen kommen aus dem regenreichen Hochland Angolas heran, bis sie – aufgefächert in unzählige Seitenarme – im Sandboden der botswanischen Kalahari verdunsten. Die ersten Rinnsale beginnen sich im europäischen Frühjahr zu füllen. Landschaftlich am schönsten präsentieren sich die Inseln der Wildtiere dann im Sommer, wenn der Wasserstand hoch ist, und das Delta nur noch mit Booten zu erkunden ist. Die beste Zeit zur Tierbeobachtung ist aber gegen Ende der Trockenzeit zwischen September und Oktober, den heißesten Monaten, wenn sich die Wildtiere an den Wasserlöchern versammeln. Dann werden die Safaris wieder zu Lande durchgeführt. Während der sich anschließenden Regenzeit in den Wintermonaten versinkt das Delta im Morast, und einige der Lodges müssen schließen. Nicht selten geraten die klimatischen Rahmenbedingungen des Okavango-Del-

1 Als Traum aus edlen Hölzern ... 2 ... und gewagter Architektur auf
Pfählen taucht das Jao Camp ... 3 ... aus dem üppigen Grün des privaten
Jao Game Reserve auf. 4 Xigera Bedroom. 5 Die kleine Jacana Lodge
besticht mit romantischen Baumhäusern.

tas zu logistischen Albträumen: Acht-Tonnen-Trucks versorgen
»Xigera« von Maun und Südafrika aus mit festen Gütern wie Öl,
Gas, Diesel, Parafin für die Lampen sowie Grundnahrungsmitteln
und allen möglichen Ersatzteilen. Manche der Transporte brau-
chen bis zu drei Tage. Wenn die hartgesottenen Bush-Trucker eine
Panne haben oder im Morast versinken und nicht rechtzeitig flott
werden, bevor die große Flut kommt, stecken ihre Laster fest.
Manchmal bis zu sechs Monate lang. Solange die Airstrips den
Cessnas soliden Boden bieten, fliegt Frischware ein. Andernfalls
kommen Boote zum Einsatz.
Zehn Flugminuten sind es von »Xigera« bis in den nächsten Delta-
Archipel, zum Jao Game Reserve. Cathy und David Kays, experi-
mentierfreudige Sprösslinge einer der ältesten in der Region an-
sässigen Familien (seit 1887) haben sich als Lizenznehmer mit
drei geschmackvollen Camps in ihrer Wildnis verewigt. Das
Flaggschiff Jao Camp präsentiert sich als balinesischer Prachtbau

Zeit für das Okavango-Delta

Anreise/Lage

Flug: Mit South African Airways oder Air Namibia ab Johannesburg/Windhoek nach Maun. Das Okavango-Delta liegt im Nordwesten Botswanas, südlich Namibias Caprivi-Streifens.

Auto: Von Maun aus lassen sich, je nach Jahreszeit, viele Camps mit Geländefahrzeugen erreichen. Eine professionelle Planung ist aufgrund der besonderen Verhältnisse geboten. Empfehlenswert sind Fly-in oder organisierte Expeditionen.

Beste Reisezeit

Ganzjährig. Die Sommermonate bieten das Delta mit hohem Wasserpegel an, die trockenen, aber heißen Herbstmonate die reichhaltigste Tierwelt an den verbliebenen Wasserlöchern, die regenreichen, kühleren Wintermonate die wenigsten Touristen. Gesundheit: Malariaprophylaxe oder Stand-by-Vorsorge. Für weitere Informationen zur Gesundheit siehe Länder-Infos des Veranstalters oder unter www.crm.de

Sehen und erleben

Je nach wassertechnischen Bedingungen *game drives* per Landcruiser oder Motorboot sowie Fahrten im landestypischen Einbaum **mokoro**

Unterkunft

Xigera Camp, Jao Camp, Jacana Camp, Kwetsani Camp, Mombo Camp und **Little Mombo** buchungstechnisch alle über www.wilderness-safaris.com sowie Infos unter Schaffelhuber Communications, Infanteriestr. 19, Haus 5/OG, 80797 München, Tel./Fax 089-99275597, www.schaffelhuber-communications.de, info@schaffelhuber-communications.de

Sandibe Safari Lodge, östlich von Chief's Island, acht Chalets, sowie **Nxabega Okavango Safari Camp,** westlich von Chief's Island, mit zehn Safari-Zelten im ostafrikanischen Stil, (*game drives*, Nachtsafaris, *bushwalks* sowie Mokoro-Fahrten) beide buchungstechnisch über CC Africa, Private Bag x27, Benmore, 2010, South Africa, Tel. 0027-11-8094300, Fax 4400, www.ccafrica.com, reservations@ccafrica.com

Aktivitäten

Vom Camp aus Wildtiere beobachten oder an den zahlreich durchgeführten *game drives* im offenen Geländewagen teilnehmen – vom morgendlichen Joggen ist abzuraten (!).

Information

Pauschalarrangements sowie detaillierte Beratung beim Spezialveranstalter Abendsonne Afrika, Zur Unteren Mühle 1, 89290 Buch-Obenhausen, Tel. 07343-92998-0, Fax 07343-92998-29, www.abendsonneafrika.de, info@abendsonneafrika.de

aus feinsten Hölzern, mit erlesenem Sammler-Interieur, und thront auf zwei Etagen zwischen gewaltigen Baumriesen. Neun 100-Quadratmeter-Chalets stehen dem Haupthaus in Lage und Ausstattung in nichts nach. 15 Minuten per Boot entfernt liegt inmitten eines Feuchtgebiets das Jacana Camp als romantische Wildnis-Enklave. Es gibt nur fünf einfache, aber ansprechende Zeltbauten. Viele Monate im Jahr führt »Jacana« ein reines Inseldasein. Was auch für das dritte Camp im Kays-Imperium gilt, Kwetsani, 30 Bootsminuten von Jao entfernt: Auf den Höhen einer Bauminsel errichtet, kommt »Kwetsani« wie eine Fata Morgana aus dem Meer der Wildtiere. Vom ausladenden Plankendeck mit Blick auf weite Wasserflächen und kleinere Inseln lassen sich die Raubtiere bei der Jagd mit bloßem Auge beobachten. Die sechs Baumhäuser sind aus Sicherheitsgründen durch Laufstege verbunden, denn auch hier gilt die Devise: Keine Abzäunung der Wildnis. Zehn Flugminuten und 25 Kilometer weiter östlich ließe sich die ultimativste Form für exzellentes Wildlife-Ambiente finden: Mit den absoluten Top-Class Lodges Mombo Camp (neun Luxuszelte) und Little Mombo (drei Luxuszelte) an der nordwestlichen Spitze von Chief's Island. Und dem anerkannt besten *game viewing* im gesamten Botswana.

Namibia

Sanddünengebirge an den Ufern des Kunene River.

Nur selten eine sanfte Lagune
Besuchermagnet Etosha-Pfanne

Aber dann genießen Nashörner, Löwen, Elefanten, Giraffen und all die anderen exotischen Genossen des afrikanischen Dschungelbuchs ihr außerordentliches Wasservergnügen, während sie sich sonst an künstlichen Bohrlöchern drängen. Was die Tierbeobachtung auf Safari zu einem Kinderspiel macht.

Namibias Pfründe sind seine unermesslichen Naturräume. Seine unendlichen Weiten, aus denen sich bizarre Felsgebirge erheben, aus der Ebene steigende Ayers-Rock-Formationen, sowie Hügel- und Berglandschaften in den vielfältigsten Formen. Zum Beispiel das Brandbergmassiv, das als eines der großen namibischen Naturwunder besonders dann fasziniert, wenn sein 2573 Meter hoher »Königsstein« in der untergehenden Sonne aufglüht. Vielleicht nannten ihn die Herero deshalb den »Berg der Götter«. Eine ganze Menge geografischer Erhebungen (Gamsberg, 2347 m, Hohenstein, 2319 m, oder die Fahle Kuppen, 1723 m) erinnern mit ihren Namen an vergangene Zeiten. Wobei die Liste namibischer Naturphänomene lang ist. Dazu gehört eine der trockensten Wüsten der Welt, die Namib, mit ihren gewaltigen Sanddünengebieten, der Fish River Canyon als zweitgrößter der Welt sowie Hochebenen, Dschungelflüsse, Salzpfannen und endlose Küsten, *completely untouched*. Zweieinhalbmal so groß wie Deutschland ist das ehemalige Deutsch-Südwest, hat aber kaum mehr Einwohner als Hamburg, und deshalb nur zweieinhalb pro Quadratkilometer. Entfernungen sind beträchtlich in diesem praktisch menschenleeren Territorium der Löwen, Elefanten, Leoparden und all der anderen Exoten aus dem Dschungelbuch, weshalb zahlreiche Charter-Airlines als Fly-in in Namibias Weiten starten. Los geht es auf Windhoeks Domestic Airport »Eros«. Quasi nonstop werden hier die Ein- und Zweipropellermaschinen, die neben der Runway parken, beladen. Dann geht es ab in den Himmel über der Wildnis. 288 Flugkilometer sind es bis nach Onguma, einem Camp am Rande des Etosha-Nationalpark. Der »Ort des trockenen Wassers«, wie die 5000 Quadratkilometer große Salzpfanne in der Sprache der Ovambo heißt, fängt die Abflüsse des Okavango im Osten und des Ekuma und Oshigambo im Norden auf. Meist ist sie komplett ausgetrocknet, und wird nur für kurze Zeit im Jahr zu einer wassergefüllten Lagune. Dann verwandelt sich die salzige Ödnis nicht nur zu einem Paradies für Flamingos und Pelikane. Die schmalen

1 Zebras können gut austeilen. **2** Und Giraffen können viel saufen. **3** Die Logenplätze an den Wasserlöchern der Etosha belegen mobile Camper, ... **4** ... die bei Sonnenaufgang als Erste an der Tränke sind.

1 Die private Luxuslodge The Fort gehört zum Onguma Private Reserve.
2 Die ehemalige Wehrfestung der deutschen Schutztruppe ist das heutige Rest Camp Namutoni. 3 Restaurant in »The Fort« in der Fisher's Pan, am südlichen Rand der Etosha. 4 Das staatliche Rest Camp Okaukuejo.

Vegetationsstreifen am Rande, Gras- und Dornsavannen hauptsächlich, etwas Buschland und Trockenwald, bilden das Habitat einer vielfältigen Tierwelt, die sich aus 340 Vogelarten, 114 Säugetier- und 16 Reptilien- und Amphibienarten zusammensetzt. Schon 1907 hatte der erste deutsche Zivilgouverneur, Friedrich von Lindequist, das Naturphänomen zum Schutzgebiet erklärt. Heute ist Namibias einzigartiges Tierreservat mit 22 270 Quadratkilometern halb so groß wie die Schweiz. Nach anderthalb Stunden setzt die Einmotorige auf einer winzigen Piste an der Parkgrenze auf. In direkter Nachbarschaft zur Etosha hat das Onguma Private Reserve vier anspruchsvolle Safari-Herbergen etabliert, am »Ort, den niemand verlassen will«, was der Name *onguma* in der Sprache der Herero bedeutet. Spektakulär steht das Tree-Topp-Hideaway, ein Baumhaus-Camp, über dem Tränkloch von Elefanten, Löwen, Nashörnern, Antilopen und Giraffen. Einst gehörte das 20 000 Hektar große ehemalige Farmareal dem Namensspender der vom Aussterben bedrohten Bergzebra-Art Hartmann-Zebra,

Dr. Georg Hartmann. Gediegen lässt es sich auch in »Namutoni«, »Halali« und »Okaukuejo« innerhalb des Etosha-Parks nächtigen. Die drei staatlichen Rest-Camps wurden anlässlich des 100. Jahrestags des Etosha-Nationalparks im Jahr 2007 luxussaniert. Am nächsten Morgen wird der Pilot zum *game driver* und lenkt den offenen Geländewagen zu einem schilfbestandenen Wasserteich. Dort stellt er den Motor ab. Namibia-Safari, erklärt der fliegende Wildlife-Experte den schnellen Stillstand, bedeute nichts weiter als Warten. Am nächstbesten Wasserloch. Nach kurzer Zeit schon tanzen kämpferische Gnu-Bullen um eine Kuh, Giraffen verrenken beinspreizend die Hälse, scheu treten Oryxantilopen ans kostbare Nass, das gleichzeitig von Springböcken, nervös hin- und herlaufenden Perlhühnern, Schakalen und Zebras besucht wird. Hyänen stören kurzfristig die friedvolle Szene. Und über 50 aufflatternde Weißrückengeier zeigen beachtliche Spannweiten. Auf der Rückfahrt ins Camp tauchen Burgzinnen wie Gipskitsch aus der Savanne auf. Es ist Namutoni, das ehemalige reichsdeutsche Fort der Kaiserlichen Schutztruppe. Eine Gedenktafel an den frisch geweißten Mauern der altdeutschen Wehrburg erinnert: »Am 28. Januar 1904 überfielen 500 Ovambo die Station Namutoni. Sieben tapfere deutsche Reiter schlugen den Angriff siegreich ab. Ehre ihren Namen.« Die Soldaten des Kaisers flüchteten im Schutz der

Zeit für die Etosha-Pfanne

Anreise/Lage

Auto: Der Etosha-Nationalpark liegt im Norden Namibias und ist über die B1, die von Windhoek zur angolanischen Grenze führt, zu erreichen. Von der Minenstadt Tsumeb (426 km) sind es noch rund 100 km bis zum Lindequist Gate, dem Osttor des Parks.
Bus: Intercape Mainliner bis Tsumeb, Info Intercape Offices, 2 Galilei Street, Windhoek, Tel. 00264-61-227847, Fax 00264-61-228285, whkbook@intercaoe.co.za
Air-Charter: bis zur Parkgrenze, www.dunehopper.com
Zug: Viertägige Zugreise (Pauschalarrangement) mit dem Desert Express bis Tsumeb, Pirschfahrten in der Etosha-Pfanne inklusive, Tel. 00264-61-2982600, Fax 00264-612982601, www.desertexpress.com.na, desert.express@transnamib.com.na

Fly-in

Zeitsparend wie auch landschaftlich beeindruckend, Farben und Formen der Etosha (sowie die anderen Highlights Namibias) aus der Vogelperspektive: NatureFriend Safaris Windhoek, Tel. 00264-61-234793, Fax 00264-61-259316, www.naturefriend-safaris.com, info@naturefriend.com.na (deutschsprachig), Charter-service: www.dunehopper.com und www.deltahopper.com sowie www.wings-over-namibia.com

Beste Reisezeit

Von Mai bis September moderate Temperaturen bis 25 Grad und trocken, dann suchen die Wildtiere im Etosha-Nationalpark die Wasserlöcher auf.

Sehen und erleben

Die Wasserlöcher des Etosha-Nationalparks abfahren (Routenkarte bei der Parkverwaltung), an denen während der Trockenzeit das Dschungelbuch spielt. Besonderer Highlight: ein **Sightseeing-Flug** mit Blick von oben auf das Etosha-Farbenspektakel.

Unterkunft

Im Park die staatlichen **Rest-Camps Okaukuejo, Halali** und **Namutoni.** Das ehemalige kaiserlich-deutsche Fort Namutoni liegt nahe des Osttors, Reservierung und Info bei Namibia Wildlife Resorts über marketing@nwr.com.na sowie www.nwr.com.na oder www.resafrica.net/namutoni.de
Unmittelbar an der Parkgrenze das Onguma Private Nature Reserve, mit den geschmackvoll in die Natur eingepassten Safari-Herbergen **Onguma Bush Camp, Onguma Tented Camp** und **Onguma Plains Camp.** Info über Visions of Africa, P.O. Box 6784, Windhoek, Tel. 00264-61-232009, Fax 00264-61-222574, www.ongumanamibia.com, onguma@visionsofafrica.com.na

Information

Alle Infos für die in den Namibia-Kapiteln beschriebene Fly-in-Safari sowie Onguma Camps: Exclusive Travel Choice, Im Banngarten 10, 61273 Wehrheim/Taunus, Tel. 06081-688489, www.ExclusiveTravelChoice.com, info@etcmarketing.de

Dunkelheit, bevor Ovambo-König Nehala die Wüstenfestung zerstörte. Die Nacht in Onguma wird unruhig. Was für ein Löwengebrüll! Am nächsten Tag brummt die Cessna noch eine Weile über der Etosha-Salzpfanne dahin, deren Schönheit sich erst aus der Luft richtig erschließt: Aus dem Dschungelbuch wird mit steigender Flughöhe ein überdimensionales Aquarell aus kunstvoll ineinander verlaufenden, aufquellenden Pastellfarben.

Weit ab vom Schuss und menschenleer
Caprivi und Kaokoveld

Im äußersten Nordosten und im äußersten Nordwesten Namibias präsentieren sich zwei sehr unterschiedliche Preziosen, die nicht auf die Schnelle zu erschließen sind: Während der Caprivi-Streifen unsägliche Kilometer frisst, zeigt sich das Kaokoveld nur Expeditionsteilnehmern in geländegängigen Fahrzeugen in voller Schönheit.

Im äußersten Nordosten und im äußersten Nordwesten präsentieren sich mit dem Caprivi-Zipfel und dem Kaokoveld zwei sehr unterschiedliche Preziosen, die nicht auf die Schnelle zu erschließen sind. Beim Caprivi-Streifen handelt es sich um ein geopolitisches, deutsch-kaiserliches Kuriosum. Das Namibia einen Blinddarm verpasste, kartografisch betrachtet: Was sich Georg Leo Graf von Caprivi de Caprera de Montecuccoli am 1. Juli 1890 im Helgoland-Sansibar-Vertrag von den Briten erhandelte, war ein 460 Kilometer langer und zwischen 30 und 90 Kilometer breiter Korridor, der das ehemalige Deutsch-Südwest mit Deutsch-Ostafrika, dem heutigen Tansania, verbinden sollte.
Heute verschafft der kaiserlich-ambitionierte Kolonialstreifen mit Grenzen zu Angola, Botswana, Sambia und Simbabwe den Namibiern freie Fahrt bis zu den Victoria Falls. Optisch tritt das mit 11 534 Quadratkilometern große Territorium (mehr als viermal die Fläche des Bodensees) auf namibischen Landkarten kaum in Erscheinung, weil der kuriose Appendix aufgrund seiner länglich-schmalen Geografie im Verhältnis zum Kernland nur schlecht auf eine Landkarte passt. Bequem lässt sich die Strecke auf dem seit 1998 durchgehend geteerten Trans-Caprivi Highway erfahren, auch wenn die mehrheitlich flachen Landschaften der Eintönigkeit Raum geben. Während der Regenzeiten ist mit hohen Niederschlägen zu rechnen, was den Caprivi zur wasserreichsten Region des gesamten Landes macht. Darin liegt seine Attraktion: Aus Angola kommend wälzen sich die Fluten des Okavango, des Kwando und des Sambesi durch den für namibische Verhältnisse sehr feuchten Streifen, sowie kleine Flüsse wie der Linyanti und der Chobe, was nicht nur Malariamücken begünstigt, sondern auch Wildlife vom Allerfeinsten anlockt. Da es zwischen den einzelnen Schutzgebieten der Region keine Einzäunungen gibt, können Wildtiere ungehindert auf Wanderschaft gehen, was für den Caprivi wundersam profitabel ist: Südlich seiner Grenze, auf

1 Wildnis pur: die Region um die Hartmannberge … **2** … mit ihren Ockermenschen. **3** Eine Expedition in die Kunene-Region garantiert …
4 … ein abenteuerliches Offroad-Erlebnis.

1 Könnte kaum schöner positioniert sein: die Serra Cafema Lodge am Kunene River. 2 Exklusive Aussichten in der Okahirongo Elephant Lodge in Purros. 3 Luxuslodge Serra Cafema im wuchernden Ufergrün des Kunene.

botswanischer Seite, breiten sich mit dem Okavango-Delta und dem Chobe-Nationalpark zwei der wildreichsten Tierparadiese unseres Planeten aus. Nach den landschaftlich reizvollen Popa Falls, wo der Okavango einige Stromschnellen durchrauscht, warten mit den Schutzgebieten Mahango Game Reserve, Caprivi Game Park, dem Mudumu- und Mamili-Nationalpark die Perlen des Caprivi auf. Ihre Feuchtgebiete beherbergen Flusspferde und Krokodile, Hunderte von Vogelarten, und natürlich die *big five*. Mittendrin im Wildlife-Paradies verstecken sich die beiden Dschungelherbergen Lianshulu Lodge und Lianshulu Bush Lodge als luxuriöse Beobachtungsposten an den Ufern des Kwando River, der im Westen den wasserreichen Mudumo-Nationalpark begrenzt. Und sich nicht weit von den großen Brüdern Sambesi und Okavango seinen Weg durch die Wildnis bahnt.

Im Land der Himba

Das Kaokoveld, 1500 Kilometer westlich, gilt als eines der unberührtesten Gebiete im ganzen Land. Halbnomadische Viehzüchter bevölkern die extrem trockene Region, die mit 50 000 Quadratkilometern größer als die Niederlande ist. Immer noch weit abgeschieden von der Zivilisation, zwischen Skeleton Coast, Etosha und der angolanischen Grenze, konnten sich in karger Umgebung die Stämme der Himba und Herero lange ihre kulturelle Eigenständigkeit bewahren. Die rauhe und verkehrstechnisch schlecht erschlossene Trockenwildnis fordert Offroad-Enthusiasten sowie professionell organisierte Expeditionen, die im unwegsamen Gelände oft nur auf GPS als Navigationshilfe zählen können. Mit weiten, gebirgigen Landschaften ist das Kaokoveld eines der schönsten Gebiete Namibias, schimmernde Granitberge, tief eingeschnittene Trockenflussbetten, Wüstenvegetation und Trockenwald kreieren einzigartige Bilder. Eine der frappierendsten und komprimiertesten Regionen hält weit oben im Norden die Serra Cafema Lodge besetzt; von der Hartmann-Valley-Piste geht es

Zeit für Caprivi und Kaokoveld

1. Caprivi-Zipfel
Anreise/Lage
Auto: Über 400 Kilometer misst der schmale Streifen des Caprivi; von Grootfontein bis zum Versorgungsstädtchen Katima Mulilo im äußersten Osten 859 km, von Windhoek 1200 km und 12 Fahrstunden. Seit 2001 zum geteerten Caprivi Highway gut ausgebaut, sogar die Victoria Falls in Simbabwe sowie der Chobe-Nationalpark in Botswana sind über die namibische B 8 gut zu schaffen.
Flug: Am sinnvollsten per Fly-in, da die sehenswerten Ziele weit auseinander liegen.

Beste Reisezeit
Während der Regenzeit (Dezember bis März) hohe Niederschläge, schwülwarm. Auch während der trockeneren Periode ist eine Malariaprophylaxe empfehlenswert.

Unterkunft
Lianshulu Lodge im Mudumu-Nationalpark, am Kwando River, P.O. Box 90392, Klein Windhoek, Namibia, Tel. 00264-61-254317, Fax 00264-61-254980, www.lianshulu.com, www.resafrica.net/lianshulu-lodge.de, info@safariadventure.co.za; Airstrip für Fly-in-Arrangements vorhanden.

2. Kaokoveld
Anreise/Lage
Auto: Das menschenleere Kaokoveld (Kaokoland) liegt in Namibias Nordwesten und zählt zu den unberührtesten Regionen des Landes. Wellblechpisten, schwierige Passstraßen und einsame Landstriche erschweren den Zugang. Nur mit professioneller Expeditionsausrüstung und Allrad.
Flug: Am besten lässt sich die Heimat der Himbas durch Fly-in erschließen.

Beste Reisezeit
Während der namibischen Wintermonate zwischen Mai und Oktober (um 25 Grad), sonst zwischen 35 Grad und 50 Grad Tagestemperatur.

Unterkunft
Serra Cafema Camp, am Kunene River, Wilderness Safaris, P.O. Box 6850, Windhoek, Cnr Schinz and Merensky Street, Ausspannplatz, Windhoek, Namibia, Tel. 00264-61-274 500, Fax 00264-61-239455, www.wilderness-safaris.com oder www.serracafema.com, info@wilderness.com.na; in der Region des Kunene-Flusses ist eine Malariaprophylaxe empfehlenswert.
Okahirongo Elephant Lodge in Purros, neun eigenwillig gestylte Chalets des noblen Camps thronen hoch über dem Purros-Tal im nordwestlichen Kaokoveld auf einem Bergrücken, Lions in the Sun (Okahirongo Elephant Lodge), P.O. Box 30078, Windhoek, Pioneerspark, Tel. 00264-65-685018, Fax 00264-65-685019, www.okahirongolodge.com, okahirongo@iway.na
Das kommunale Projekt **Okarohombo Campsite** am Marienflusstal wird von lokalen Himba geführt und kann über die Namibia Community Based Tourism Association (NACOBTA) gebucht werden: P.O. Box 86099, Eros, Windhoek, Tel. 00264-61-221918 oder 00264-61-250558, Fax 00264-61-222647, www.nacobta.com.na, office.nacobta@iway.na

Information
Informative Website für alle Zielgebiete Namibias: www.namibia-tourism.com, vom Namibia Tourism Board, Schillerstr. 42-44, 60313 Frankfurt am Main, Tel. 069-1337360, info@namibia-tourismus.com. Jährlich neu aufgelegt und kostenlos erhältlich: der Namibia Accommodation Guide for Tourists, sowie ein generelles Info-Paket, Landkarte inklusive. Siehe auch: www.namibia-accommodation-guide.com und www.namibia-info.net

noch eine Stunde offroad per Landrover durch eine obskure Welt aus zersägten Bergketten und glitzernden Sandpaketen, mit Blick auf die bis zu 2000 Meter hohen Cafema Mountains auf der angolanischen Seite. Wenn sich der Geländewagen vorsichtig eine steile Sandpiste hinunter tastet, beginnt die Zufahrt zum Wundertal: Tief unten glitzert der Kunene River, das Terrain der Krokodile, in dunklem Grün. Zwischen hoch aufragenden Papyrusstauden tauchen die strohgedeckten Dächer der Luxuslodge auf. Acht 100-Quadratmeter-Pfahlbauten aus Naturmaterialien zwischen gewaltige Sanddünen und das Flussufer gesetzt, schaffen eine filmreife Kulisse. Bergtouren, Bootsfahrten sowie Besuche umliegender Himba-Krals erwecken auf berührende Weise den Zauber eines unberührten Paradieses. Das entfaltet sich ebenso für jene, die einfach nichts tun. Außer zu schauen. Nicht wenige »Serra Cafema«-Gäste reisen mit traurigen Augen ab, und dem Gefühl, einen jener magischen Orte unerklärlicher Ausstrahlung verlassen zu müssen. Die Magie haben die Trucker aus Windhoek jede Woche wieder: Ihre vierradgetriebenen Versorgungs-Lkw brauchen bis an dieses Ende der Welt zwei sehr lange Tage.

Ende einer unwirklichen Naturreise
Die Jugendstilperle Swakopmund

Vom Hartmann Valley Airstrip geht es zunächst über den spektakulärsten Schiffsfriedhof der Welt, die Skeleton Coast, die eine der unwirtlichsten Zonen des südlichen Afrika abbildet. Danach über die hitzebrütenden Steinwüsten des Damaralands, bevor die erdfarbene Eintönigkeit am stahlblauen Atlantik zu einer urbanen Fata Morgana verschwimmt.

Vom Hartmann Valley Airstrip geht es über den spektakulärsten Schiffsfriedhof der Welt, die Skeleton Coast, eine der unwirtlichsten Zonen des südlichen Afrika. Hunderte von Schiffen sind auf dieser Hauptverkehrslinie zwischen Indien, Kapstadt und Europa schiffbrüchig geworden, weil dichte Nebelbänke regelmäßig wie weiße Leichentücher über Wasser und Land schweben, verursacht durch den eiskalten, antarktischen Benguela-Strom, der an den Küsten auf den heiß gebackenen Wüstensand der Namib trifft. Dazu hatten die Kapitäne mit unberechenbaren Strömungen zu rechnen sowie mit heftigem Seegang. Wer sich nach erfolgtem Schiffbruch vor dem Ertrinken zu retten versuchte, und es trotz eisigen Wassern und tosender Brandung voller Hoffnung ans wärmende Land schaffte, den erwartete dort unbarmherzig der Durst- oder Hitzetod. Von der sengenden Sonne verblichene Knochen angelandeter Wale sowie verdursteter Seeleute waren aufgrund des trockenen Klimas lange Zeit sichtbar, wie auch die Gerippe gestrandeter Wracks, die der Skeleton Coast zu ihrem Namen verhalfen. Heute bezeichnet man nur noch das Territorium nördlich von Walvis Bay als Skelettküste, die sich in drei Abschnitte teilt: in die südlich gelegene National West Coast Recreation Area, die jede Menge Fahr- und Küstenspaß bietet, sowie den sich anschließenden Skeleton-Coast-Park, der Besuchern aber nur zwischen der Südgrenze des Parks am Ugab River und dem Huanib River auf der Höhe von Möwe-Bay zugänglich ist. Der größte Teil der weiten Küstengebiete lässt sich ausschließlich mit organisierten Expeditionstouren erreichen oder im Rahmen eines Fly-in-Programms. Mit Ausnahme des abgeschiedenen Skeleton Coast Camps, das auf einem riesigen Konzessionsgelände innerhalb des Parks liegt. In geschlossenen Spezialfahrzeugen starten von hier aus Tagestouren in die windumtoste, wilde Welt der Skelettküste, auf den Spuren von Wracks, Motorteilen abgestürzter Rettungsflugzeuge und

1 Abenteuer gestalten sich vielfältig im Skeleton Coast Camp: Von der Elefantensafari ... **2** ... über skurrile Fundstücke nahe der tosenden Brandung ... **3** ... bis zum Dünensurfen – danach ist alles drin. **4** In stille Szenen verwickelt das Damaraland seine Besucher.

1 Das stattliche Jugendstilgebäude des Alten Bahnhofs beherbergt heute das Swakopmund Hotel und Entertainment Centre. **2** und **3** Kulinarisches Ambiente des Mowani Mountain Camp im Damaraland und Lagerfeuer in der *boma* danach. **4** Skeleton Coast Camp von Wilderness Safaris.

Walknochengerippen. Sowie dem Grab des Matrosen Matthias Koraseb, der es im Jahr 1942 nur noch bis auf den Strand schaffte. Nach 45 Flugminuten über Atlantik und Sandwüste tauchen die ersten Canyons auf sowie Trockenflüsse, aufgetürmte Steinklötze und Felssäulen: Die Vorboten der wildzersägten Gebirgszüge des Damaralands. Im Tiefflug brummt die Einmotorige über einen schmalen Savannen-Airstrip hinweg, um eine grasende Herde Hartmann-Bergzebras zu vertreiben. Ein klobiges Unimog-Fahrzeug mit dicken Ballonreifen, das Trockenbettflüsse auch dann durchquert, wenn sich nach Regenfällen reißende Fluten darin sammeln, bahnt sich seine Spur durch den trockenen Sand. Wüstenelefanten ziehen friedlich an baumbestandenen Uferrändern entlang, ein *black rhino* stampft schnaubend davon. Rotsandig schlängelt sich eine Piste durch bizarre Steintürme aufwärts, dann wird die schöne Landschaft zur bizarren Skulptur: Perfekt rund geschliffene Basaltkugeln, meterdick, warten auf Vorsprüngen, als würden sie in nächster Sekunde rollen. Andere dieser Riesenmur-

meln klaffen wie Spaltholz auseinander, von Götterhand in gleichgroße Hälften geschlagen. On top dieser Felsdramatik versteckt sich das Mowani Mountain Camp: die Haupthäuser mit Domkuppeln aus Riedgras, die den Formen der Steinkugeln nachempfunden sind, auf Stelzenplattformen schweben Luxuszelte wie Adlernester über der Tiefebene. Wer gegen fünf Uhr den Programmpunkt »Sundowner« negiert, verpasst auf dem Felsplateau hoch über den Dächern der Lodge die Attraktion: Die 360-Grad-Vorführung eines pastellfarbenen und wenig später glutrot werdenden Bergpanoramas von entrückender Schönheit. Nicht ohne Grund heißt *mowani* oder *m'wane* auf Damara *place of God*. Und jede Sekunde hier oben zählt wie eine Stunde.

Nach 60 Minuten auf sich in Endlosigkeit verlierenden Fahrpisten und vorbei an vereinzelt in der Sonne glitzernden Wellblechdächern von Farmen taucht die beeindruckende Silhouette des Brandbergmassivs auf. Danach zeigt sich unten nur noch Sand, nichts als Sand. Und Strand! Ein meerblauer Streifen am Wüstenrand. Das Swakopmund Airfield, einen Katzensprung vom Atlantischen Ozean entfernt, wird zum Tränkloch für ein Dutzend Einmotorige, die am Tankrüssel anstehen, während sich ihre Passagiere ins Westerland Namibias davonmachen. Bombastisch der Alte Bahnhof (1901), heute eine bildschöne Luxus-Residenz, das Kaiserliche Bezirksgericht (1902), jetzt Sommersitz des Präsidenten, das neobarocke Hohenzollernhaus (1906) und all die anderen architektonisch-deutschen Preziosen, die Swakop zu einem begehrten Seebad mit Atmosphäre machen. Noch immer hält sich das Hansa-Pils strikt ans deutsche Reinheitsgebot, und der 21 Meter hohe, rot-weiß geringelte Leuchtturm verschafft dem Ferienort am Rand der Namib sein nordfriesisches Flair. Besonders dann, wenn der eiskalte Atlantik seine feuchten Nebelbänke auf die heiß gebackene Sandküste schickt und das Städtchen im kühlen Dunst komplett versinkt. Die Zeit reicht noch für Kabeljau und ein Pils im Lighthouse Restaurant, mit Blick auf Strandpromenade, Mole und Hafenbecken, in dem sich Delfine und Robben tummeln.

Zeit für Swakopmund

Anreise/Lage

Flug: Große Teile des Skeleton-Coast-Nationalpark sind gar nicht oder nur mit Genehmigung zu besuchen. Deshalb ist eine Fly-in-Safari mit Stopover in Swakopmund und Damaraland sinnvoll.
Auto: von Windhoek aus auf der C 28 in nur dreieinhalb Stunden (356 km) zu erreichen.
Bahn: täglich TranNamib Rail Central, Tel. 00264-61-236946, oder mit dem luxuriösen Desert Express, www.desertexpress.com.na, desert.express@transnamib.com.na, Tel. 00264-61-2982600, Fax 00264-61-2982601

Beste Reisezeit

Die Küstenregionen bieten ganzjährig angenehme Temperaturen. Deshalb ist Swakop im namibischen Hochsommer eine Fluchtburg für schwitzende Hauptstädter. Zu den Ferienzeiten, vor allem um Weihnachten, ist kein Bett zu finden. Das steinerne Damaraland und der nahe Brandberg werden im Hochsommer zum Glutofen, zwischen Mai und Oktober nachts kalt und klar, tagsüber bis 25 Grad.

Sehen und erleben

Damaraland: Felsmalereien und Gravuren von Twyfelfontein, mit über 2000 Darstellungen der San, 5000 Jahre alt, in bizarrer Steinschaft, Freilichtmuseum mit Führung.
Swakopmund: Für die städtebauliche Perle mit der Deutsch-Südwest-Vergangenheit unbedingt Zeit nehmen.

Unterkunft

Skeleton Coast: Skeleton Coast Camp, Wilderness Safaris, P.O. Box 6850, Windhoek, Cnr Schinz and Merensky Street, Ausspannplatz, Windhoek, Namibia, Tel. 00264-61-274500, Fax 00264-61-239455, www.wilderness-safaris.com, info@wilderness.com.na
Swakopmund: Im viktorianischen Bahnhof residiert das feine **Swakopmund Hotel & Entertainment Centre:** Theo-Ben Gurirab Street 2, Tel. 00264-64-4105200, Fax 00264-64-4105360/1/2. www.legacyhotels.co.za, swakopmund@legacyhotels.co.za
Nostalgisch auch das deutsch-traditionelle **Hansa-Hotel**, Hendrik Witbooi St. 3, Tel. 00264-64-414200, Fax 00264-64-414299, www.hansahotel.com.na, reservations@hansahotel.com.na
Damaraland: Beeindruckend zwischen Felskuppeln, Steinkugeln und Basaltquadern die **Mowani Mountain Lodge,** Visions of Africa, P.O. Box 40788, Windhoek, Tel. 00264-61-232009, Fax 00264-61-222574, www.mowani.com, mowani@visionsofafrica.com.na; Info in Deutschland: Exclusive Travel Choice, Im Banngarten 10, 61273 Wehrheim/Taunus, Tel. 06081-688489, www.ExclusiveTravelChoice.com, info@etcmarketing.de

Aktivitäten/Essen und Trinken in Swakop

Sightseeing: Altes Amtsgericht, Kaiserliches Bezirksamt, Hohenzollern-Haus, Woermann-Haus oder einfach nur auf Swakops Jetty sitzen und auf die Leuchtturm-Idylle blicken, bevor es zu **Erich's** geht (Fisch in allen Variationen) oder ins **Café Anton** (Schwarzwälder Kirschtorte und Käsekuchen – wie bei Muttern!).

Information

The Municipality of Swakopmund, Daniel Tjongarero Street, P.O. Box 53, Swakopmund, Namibia, Tel. 00264-64-4104111, Fax 00264-64-4104208, swkmun@swkmun.com.na sowie Swakopmund Information, Sam Nujoma Ave., P.O. Box 829, Tel. 00264-64-403129, Fax 00264-64-404827, www.swkmun.com.na, swainfo@iafrica.com.na

Verwehte Wunderwelten aus Sand
Die Kurven der Namib

Auf der namibischen Liste der Phänomene stehen weite Dünen-felder, die sich manchmal von einem Moment auf den anderen in die für Sandberge befremdliche Farbe Grün verwandeln: Wenn seltene Regenfälle sprießende Pflanzenteppiche darauf zaubern, was nicht nur Fotografen komplett aus dem Häuschen bringt.

Unten zieht Walvis Bay vorbei, Namibias umtriebige Hafenstadt, die 30 Kilometer südlich von Swakopmund liegt. Danach »The Falling Dunes«, gewaltige Sandfelder, die steil zum Atlantik abbrechen, bevor das erste Schiffswrack, die »Shaunee«, in Sicht kommt. Im Tiefflug geht es dann über die »Edward Bohlen« hinweg, die 1909, beladen mit Whisky und Trinkwasser, hier auf Grund lief. Danach dreht die Maschine mit Kurs auf die Wüste ab. Hier und da ragen Überreste von Diamanten-Camps aus dem Sand, Häusergerippe und Hütten, verloren steht ein Ochsenkarren im Nirgendwo. Zunehmend färben sich die Sandgebirge rot und die Namib (mit 20 Millionen Jahren die älteste und trockenste Wüste der Welt) breitet sich bis zum Horizont aus mit endlosen Dünengebieten in weichgezeichneten Mustern. Im Herzen der Namib liegt das Sos-susvlei, mit bis zu 388 Meter hohen Dünengipfeln Namibias beliebtestes Ausflugsziel. Ganz in der Nähe dieses Sandspektakels konkurrieren zwei Wüsten-Domizile miteinander, die unterschiedli-cher nicht sein könnten: Im Modern Design als Luxus-Lodge Little Kulala (großzügiges Haupthaus mit Reetdach, elf Chalets mit jeweils eigenem Minipool, Holzdeck, Dachterrasse, Blick auf Berg-ketten und Wüste), und als Basic Camp in traditionellem Safari-Zelt-Outfit das Kulala Wilderness Camp als stilechter Out-of-Africa-Traum. Zehn Canvas-Chalets auf Plattformen (ausgesuchte Hölzer, Naturstein, Dachkonstruktionen aus rustikalem Balkenwerk und Reet, passend afrikanisches Interieur) und ein Hauptgebäude zau-bern eine drehbuchgemäße Atmosphäre. Bereits 1907 hatte die deutsche Verwaltung die Einzigartigkeit der Namib-Region erkannt und die Wüste östlich von Swakopmund und Walvis Bay unter Naturschutz gestellt. Heute ist der Namib-Naukluft-Nationalpark mit 50000 Quadratkilometern größer als die Schweiz, und das größte Wildschutzgebiet Afrikas. Gleich nebenan hat der deutsch-stämmige Südwestafrikaner Albi Brückner durch Aufkäufe un-rentablen Farmlands das Namib Rand Private Reserve zusammen-

1 »Wo der Wolf tanzt« zelebriert die Wolwedans Lodge ihre Sundowner.
2 Deren Auswirkungen jagen die beiden Strauße in die Flucht.
3 Besteigung von Big Daddy, eine der höchsten Dünen des Sossusvlei.
4 Sandsturm im Dead Vlei, Sossusvlei.

1 und 2 Schlafen wie Angela Jolie und Brad Pitt ist machbar, in der Wolwedans Dunes Lodge. 3 Normalsterbliche nächtigen im Sossusvlei Wilderness Camp ... 4 ... oder in der Sossusvlei Lodge.

gestückelt, in einem der landschaftlich reizvollsten Gebiete der Namib-Region. Das private Naturschutzgebiet erstreckt sich über 120 Kilometer von Nord nach Süd, und lockt mit einer reichlich vielfältigen Tierwelt: Rund 3000 Oryxantilopen, 1000 Springböcke, etwa 50 Zebras und gut 500 Strauße sind hier, neben zahlreichen andere Tierarten, zu Hause. Herzstück der Brückner-Stiftung: Die Wolwedans Lodge, ein hölzernes Wunderwerk rustikaler kubischer Bauten, durch Laufstege auf Stelzen miteinander verbunden, fachgerecht von versierten Zimmerleuten aus Ostdeutschland in 240 Meter hohe Dünen gesetzt. »Wo der Wolf tanzt«, also am Ende der Welt, stehen Brad Pitt und Angelina Jolie bereits im Gästebuch, aber sicher haben auch andere VIPs schon den besonderen Luxus genossen, dass der Lodge weitgehend die Wände fehlen, was eine kuriose Bett-Safari möglich macht: mit Blick vom Kopfkissen auf dahinziehende Antilopenherden, auf Gebirgsketten und rot schimmernde Wüstendünen. 1600 Kilometer Zäune mussten weg und 120 Kilometer Straßen stillgelegt werden, um Albi Brückners

Lebenswerk auf 180 000 Hektar renaturierter Wildnis zu schaffen. Karakulfarmen waren das vorher, die ihren Gewinn daraus zogen, frisch geborenen Lämmern das Fell über die Ohren zu ziehen. Anti-Pelz-Kampagnen in Europa und eine lange Dürrezeit brachten den Markt weitgehend zum Erliegen. Ein Glück für die Schafe und die Wildtiere. Inzwischen ist das Naturreservat in eine Stiftung übergegangen, die über 140 Menschen beschäftigt, wobei eine nicht unwesentliche Einnahmequelle der Lodgebetrieb darstellt. Den hat der betagte Senior längst an Sohn Stephan abgetreten, der die vier Wüstenherbergen der Wolwedans Collection (Wolwedans Dune Camp, Wolwedans Dunes Lodge, Wolwedans Private Camp sowie das Aandster Boulders Camp) von Windhoek aus lenkt. Ein besonderes Thema ist die Infrastruktur hinter den Kulissen: Die Energieversorgung läuft über Solaranlagen, Wasser wird 140 Meter tief aus der Erde gepumpt, Brauchwasser im Schilf-Bett biologisch gefiltert und wieder genutzt. Die Betriebskosten sind hier höher als in anderen vergleichbaren Betrieben. Der Unterhalt von Straßen und Pisten, Airstrips und Flugzeugen verschlingt Unsummen, wie auch der alltägliche Güter-, Angestellten- und Gästetransport. Nicht ohne Stolz erklärt der Junior, dass »Wolwedans« ausschließlich mit einheimischen Kräften auskommt.

Zeit für die Namib

Anreise/Lage

Auto: Der Namib-Naukluft-Park mit seiner Hauptattraktion Sossusvlei sowie das angrenzende Namib Rand Reserve liegen etwa fünf Fahrstunden südwestlich von Windhoek. Selbstfahrer sollten Erfahrung auf ungeteerten Pisten haben.
Flug: Zu beiden Wüsten-Destinationen per Air-Charter, Infos unter www.naturefriendsafaris.com, www.dunehopper.com, www.deltahopper.com

Beste Reisezeit

Mai bis September, um 25 Grad, nachts bis zum Gefrierpunkt; im namibischen Sommer können extrem hohe Temperaturen (teils über 50 Gad) das Reisevergnügen leicht zur hitzebrütenden Hölle werden lassen.

Sehen und erleben

Sossusvlei, die höchsten Dünen der Welt! Anfahrt via Sesriem geteert, die letzten 5 km ab Parkplatz nur zu Fuß oder per Allrad, bis die weltberühmten Motive der roten Sandgebirge aus der Namib aufragen.

Unterkunft

Sossusvlei Lodge am Eingang zum Namib-Naukluft-Park, P.O. Box 6900, Ausspannplatz, Windhoek, Tel. 0027-21-9304564, Fax 0027-21-9304574, www.sossusvleilodge.com, reservations@sossusvleilodge.com
Die **Wolwedans Collection** im Namib Rand Reserve mit verschiedenen Unterkunftskategorien: Dunes Lodge, Dunes Camp und Private Camp; Anfahrt auf der C 27, südlich von Sesriem. Kontakt: Namib Rand Safaris, P.O. Box 5048, Windhoek, Tel. 00264-61-230616, Fax 00264-61-220102, www.wolwedans.com, info@wolwedans.com.na, www.naturefriendsafaris.com, in Deutschland: www.ExclusiveTravelChoice.com
In **Sossusvlei Little Kulala** (www.littlekulala.com) sowie **Kulala Wilderness Camp** (www.kulalawildernesscamp.com), Wilderness Safaris, P.O. Box 6850, Cnr Schinz and Merensky Street, Ausspannplatz, Windhoek, Namibia, Tel. 00264-61-274500, Fax 00264- 61-239455, www.wilderness-safaris.com, info@wilderness.com.na

Aktivitäten

Im Heißluftballon über der Namib zu schweben verschafft Wagemutigen ein aufregendes Erlebnis »im Himmel über der Wüste«, Kontakt: **Namib Sky Balloon Safaris,** P.O. Box 5197, Windhoek, Tel. 00264-63-683188, Fax 00264-63-683189, www.namibsky.com, info@namibsky.com

Information

Namibia Tourism Board, Schillerstr. 42–44, 60313 Frankfurt, Tel. 069–1337360, www.namibia-tourism.com, info@namibia-tourismus.com, sowie für Fly-in und Wolwedans Collection: Exclusive Travel Choice, Im Banngarten 10, 61273 Wehrheim/Taunus, Tel. 06081-688489, www.ExclusiveTravelChoice.com, info@etcmarketing.de

Wenn zum abendlichen Dinner Nama-Köche ihr mehrgängiges Menü in ihrer Klicklaut-Muttersprache annoncieren und dazu die untergehende Sonne über den herrlichen Sterndünen der Namib Rand eine Farborgie aus Rot- und Goldtönen produziert, reicht die älteste Wüste der Welt atmosphärisch bis an den Tellerrand. Jedenfalls heute, denn der Hauptgang wird, sagen die Nama-Klicks, ein Kudu-Steak sein.

Südafrika

Canyon in der Nähe von Semonkong, Lesotho.

Verlorenes Paradies der Buschmänner
Tswalu – Kalahari – Augrabies

Die Kalahari zählt zu den härtesten Wüsten der Welt: Sie ist extrem trocken, extrem heiß und extrem kalt. Heute sind ihre sandigen Gebiete großflächig zu Nationalparks mutiert und den afrikanischen Buschleuten, die ihrer Unnachgiebigkeit in nichts nachstehen, als Heimat weitgehend verloren.

Dort, wo sich das zentrale Hochland Südafrikas gegen Namibia und Botswana zum Bushveld oder Lowveld absenkt, beginnt die Kalahari. Dicke Lagen rötlichen Sands bedecken die Gebiete der Northern Cape Province: hitzeflimmernde Ebenen im südafrikanischen Sommer, mit eiskalten Nächten im Winter. Und ausgesprochen ungemütlich, wenn glühend heiße Sandstürme über das ausgetrocknete Land ziehen. Die Kalahari-Wüste, Heimat der San, der Buschmänner, gilt als das größte, zusammenhängende Sandgebiet der Welt, das sich auf Südafrika, Botswana und Namibia verteilt. Ihre Ausdehnung wird verdeutlicht, wenn man sie mit der vielfachen Fläche Großbritanniens vergleicht. Ihre Sanddünen erreichen riesige Höhen und führen den Besuchern je nach Sonnenstand die faszinierendsten Farbspiele vor. Dass sich hier Tausende Wildtiere wohlfühlen, erscheint als besonderes Wunder der Evolution. Seltene Geparden zeigen sich dann und wann, und – mit viel Glück – besonders prachtvolle Exemplare der großkalibrigen Raubkatzen, den Kalahari-Löwen.

Jenseits der Ortschaft Hotazel, am Rande der großen Wüste, taucht nach sandiger Piste Tswalu auf. Die Vision des britischen Multimillionärs Stephen Boler setzte eines der größten, privaten Tierumsiedlungsprojekte in Gang, die Afrika je gesehen hat. Ein kühnes Experiment im Einsatz für die Zukunft der afrikanischen Wildtiere. Als der passionierte Großwildjäger 1978 in Tansania feststellte, dass es nur noch sehr wenige schwarze Nashörner (Spitzmaulnashörner) gab, wurde seine verrückte Idee geboren. Und aus dem Mann mit der Flinte ein fanatischer Tierschützer. Wie sonst käme jemand auf die Idee, mehr als 20 Millionen Dollar in den Sand der Kalahari-Wüste zu setzen? Und Tausende wilde Tiere in ganz Afrika zusammenzukaufen, um sich damit eine moderne Version der Arche Noah zu basteln?

Schon bald erstand der Küchen-Tycoon aus Manchester die erste Farm am Rande der Wüste. Dann noch eine und noch eine. Den

1 Wrack in der Wüste bei Bokspits. **2** Motse Lodge im Tswalu Private Reserve am Rande der Kalahari. **3** Bildschön: Gackeltrappe in Habachtstellung. **4** *Bushmens paintings* in der Cederberg Wilderness.

1 Geparden ... **2** ... und Wüstenschakale, ... **3** ... Spießböcke ... **4** ... und Eulen, ... **5** ... Weber- und ... **6** Sekretärsvögel ... **7** ... sowie putzige Bodenhörnchen geben sich in den Wüstenlandschaften der Kalahari-Region ein munteres Stelldichein.

Farmern, seit Generationen bemüht, dem kargen Land etwas abzutrotzen, was ohne staatliche Subvention unmöglich war, musste das sehr merkwürdig vorgekommen sein, denn der kaufwütige Brite war tatsächlich bereit, für ihr nutzloses Land utopische Summen zu zahlen. Insgesamt wurden 28 Farmhäuser gekauft und dann abgerissen. 2300 Strommasten, 1000 Kilometer an Farmzäunen, 38 Wasserbehälter aus Beton, 200 Kilometer Straßen und 10 000 Stück Vieh mussten weichen. Der Traum, die Wildnis wieder auferstehen zu lassen und das Land den wilden Tieren zurückzugeben, rückte der Wirklichkeit näher. Dann begannen die Umsiedlungsaktionen. Für rund sieben Millionen Dollar kaufte Boler 1100 Springböcke, 1100 Gnus, 420 Kudus, 650 Oryx- und Elandantilopen, 250 Zebras und Tausende anderer großer Wildtiere. Sowie sieben Löwen, die schnell eine Vorliebe für die Reifen seines Falcon-Jets entwickelten. Sowie für die besonders teuer erworbenen Zebras und seltene Antilopenarten, die mit 10 000 Dollar pro Tier für die tierische Kosten-

stelle der Boler-Buchhaltung zu einer ärgerlichen Löwen-Delikatesse wurden. Die Krönung seines Großeinkaufs waren acht Spitzmaulnashörner zum Gesamtpreis von 560 000 Dollar. Eine stolze Summe, aber auch im Tierhandel bestimmt das Angebot den Preis, und es gab nur noch ein paar Hundert Exemplare davon weltweit. Der Supermarkt der Tiere findet auf sogenannten *game auctions* statt, im Krüger-Park, in Kuruman, in Natal, Namibia oder auch in Botswana. Beim nächsten Shopping standen zehn Elefanten auf einem Lieferschein aus Windhoek. Das alles sei eben, merkt einer der Tswalu-Ranger an, eine Industrie wie jede andere auch. Mit knallharten Geschäftsbedingungen. Wenn er mit dem Flugzeug über die 100 000 Hektar Tswalus (größer als die Fläche Berlins) schwebe, sei das immer wieder ein aufregendes Erlebnis – die endlose Weite der Kalahari von oben zu sehen, die pittoresken Ketten der Korannaberge ringsum, und zwischendrin reichlich Tierwelt in Bewegung. In Wirklichkeit aber steht hinter der Romantik solcher Momente die nüchterne Aufbereitung der Bestandslisten für anstehende Verkäufe. Überzählige Tiere, die das fragile Ökosystem nicht trägt, werden von professionellen Capture Teams eingefangen und veräußert oder gleich für die Großwildjagd freigegeben. Um festzustellen, wann eine biologische Balance zu kippen beginnt, haben Reservate

über Jahrzehnte hinweg ihre eigene Wissenschaft entwickelt. Mühsame Feldforschung analysiert die Botanik eines Gebiets bis ins Kleinste, um dann deren Tragfähigkeit mit dem Energiebedarf pro Kilogramm und Tiereinheit abzugleichen. Bei durchschnittlichen Regenfällen erwirtschaftet Tswalu jährlich einen Überschuss von 15 Prozent, was sich in Hunderttausenden Dollar auf der Einnahmeseite niederschlägt. Auch kontrollierte Abschüsse zur gezielten Dezimierung des Tierbestandes brachten bislang gutes Geld in die Kasse. Ein Büffel beispielsweise schlug mit bis zu 20 000 Dollar zu Buche. Wenn der Ranger im Cockpit seine Runden dreht, werden natürlich auch Löwen, Hyänen, Giraffen, Geparden und Nashörner gelistet, um festzustellen, dass keiner der wertvollen Preziosen verschwunden ist. In der Regel verhindern dies 586 Kilometer Zäune, teilweise unter 9500 Volt Spannung. Nur Leoparden lassen sich von der aufwendigen Elektrik nicht beeindrucken und wuseln sich trotzdem irgendwie durch. Raubtiere sind unberechenbar, sagen Ranger, und greifen jederzeit an. Gruselige Geschichten machen abends am Feuer der Tswalu Lodge Stimmung. Wurde da nicht eine Dame beim Golfspielen von Elefanten zertrampelt und ein Wildhüter im Krüger-Nationalpark von Leoparden zerrissen?

1 und **2** Lounge in Tswalus Wüstenlodge Motse und stimmungsvolle *boma* mit Lagerfeuer. **3–5** Die Krönung des Tswalu Kalahari Luxury Private Game Reserve heißt *tarkuni*: Blicke in den Diningroom, den Schlafraum und in das Bad.

Wenngleich der geldwerte Anteil mit nur 2,5 Millionen Dollar Baukosten vergleichsweise bescheiden ausfiel, nächtigen Tswalus Besucher in einer beeindruckenden Fünf-Sterne-Herberge, die zu den schönsten Game Lodges im Südlichen Afrika zählt. Das ungewöhnliche Ambiente kreieren Naturmaterialien, reetgedeckte Runddächer, versetzte Wohnebenen sowie Panoramascheiben, die den Blick von Bett oder Kaminplatz auf die Wasserlöcher der Tiere und die weite Savanne freigeben. Das Interieur stellt handverlesene Schätze afrikanischer Wohnkultur aus. Im Außenbereich wurde die Lodge so optimal an die Umgebung angepasst, dass sie aus der Ferne kaum auszumachen ist.

Etwas abseits von der Hauptlodge Motse liegt Bolers Privatdomizil, dem der Hausherr auf tragische Weise abhanden kam: Als sein Flugzeug im Oktober 1998 auf der 1500 Meter langen Runway Tswalus ausrollte, sollte dies für Boler die letzte Landung in seinem geliebten Tierparadies gewesen sein. Im Alter von 55 Jahren ereilte ihn im Zentrum seines Lebenswerks der Herzinfarkt. Seine Hinterlassenschaft an die afrikanische Wildnis hat die Oppenheimer-Familie, eine der reichsten Familien Südafrikas (De Beers Diamanten-Konzern), übernommen.

Mit seinem Experiment und dem Tswalu Kalahari Reserve hat sich der Brite nicht nur ein Denkmal gesetzt, sondern auch neue Maßstäbe nach der Maxime, dass zusätzlicher Lebensraum für Wildtiere nur durch Investitionen zu schaffen ist. Wobei Renditen Kapitalströme steuern, selbst in der Wüste. Tswalu finanziert sich anteilig aus Fotosafaris, Ökotourismus sowie einträglichen Tierverkäufen aus Zucht und natürlichen Überschüssen. Es stellt Hunderte von Arbeitsplätzen und verhilft bedrohten Arten zu Fortpflanzung, die ohne menschliches Eingreifen aussterben würden. Zweiflern, denen Elektrozäune, künstliche Wasserstellen, tierärztliche Betreuung sowie Hubschraubereinsätze in Verbindung mit

Wildnis unbehagliche Gefühle bereiten, pflegte der unermüdliche Motor der Tswalu-Arche mit auf den Weg zu geben, dass ohne ökonomischen Input ökologischer Output nicht machbar sei.

Und hier, auf Tswalu, da hatte er recht, gab es vor seinem Arche-Noah-Experiment keine wilden Tiere mehr. Heute sind es über 12 000. Auf Tswalu werden Wildtiere regelrecht produziert. Und in alle Teile Afrikas exportiert, dorthin, wo begehrte Spezies längst ausgerottet sind. Einen besseren Garanten für sein Tierschutzprojekt als Nicky Oppenheimer, mit dem Boler eng befreundet war, hätte er nicht finden können. Und die wilden Tswalu-Exoten keinen tierfreundlicheren Oberaufseher: Denn der hat die Jagd auf Wildtiere auf Tswalu abgeschafft.

Kgalagadi-Transfrontier-Park

Von Tswalu bis zum Gate des Kalahari-Gemsbok-Nationalpark ist es nicht weit. Im Jahr 2000 wurde der südafrikanische Nationalpark mit dem botswanischen Gemsbok-Nationalpark jenseits der Grenze zum grenzüberschreitenden Kgalagadi-Transfrontier-Park zusammengelegt zum ersten »Park ohne Grenzen«, und im südlichen Afrika eine Sensation: Der »Neue« ist nun mit 35 000 Quadratkilometern beinahe doppelt so groß wie der Krüger-Park. Dazu könnte irgendwann der namibische Teil der Kalahari kommen, so die Hoffnung der Naturschützer, um die grenzenlose Thirstland Wilderness, die jährlich Zehntausende Wüstenbesucher fasziniert, noch gewaltiger zu machen. »Ervaar die Wonderwereld van die Kalahari« lesen Neuankömmlinge über die *dorstige Woestyn,* wenn sie sich in einem der drei Camps (»Mata Mata«, »Nossop« und »Twee Rivieren«) auf südafrikanischer Seite anmelden, um im Wagen auf die individuelle Safari zu gehen, »plante, diere, voëls en insekte perfek aangepas in'n unieke eko-sisteem«. Verhaltensregeln für Wildnisbesucher sind wichtig. Wer hier unvorsichtigerweise aussteigt und sich fototechnisch zwischen einer Puffotter und einem Kalahari-Löwen nicht schnell genug entscheiden kann, hat möglicherweise die Anpassung ans lokale Ökosystem knapp verpasst. Besucher der Kalahari, die über rötlich glühende Sandberge und

fotogene San-Buschleute hinaus Spektakuläres erwarten, könnten sich leicht enttäuscht fühlen. Wenn die monotone, vertrocknete Landschaft in großer Hitze erstarrt vor sich hinbrütet, lässt es sich Springböcken oder Antilopen nicht verdenken, wenn sie wenig Lust haben zu hüpfen, es sei denn, sie werden vom Motorenlärm aufgeschreckt. Entlang der beiden Trockenflüsse Auob und Nossob, die so gut wie niemals liquide sind, bieten Wasserbohrlöcher mit sinnfälligen Bezeichnungen wie Lekkerwater und Dankbaar eine Chance, Tiere aus der Nähe zu beobachten. Für begehrtes Großwild wie Geparden, Nashörner und Löwen braucht es in der Kalahari Glück oder Geduld. Strauße, Sekretärsvögel und Adler lassen sich durch hohe Tagestemperaturen weniger beeindrucken, und Weißgesichtohreulen, Schleier- und Zwergohreulen sowie Perlkauze verschieben ihre Jagd sowieso auf die Nacht. Dann sind auch die großen Raubkatzen unterwegs. Immerhin bestätigen drei von zehn Einträgen im Tierbeobachtungsbuch der Parkverwaltung in Twee Revieren, Löwen gesehen zu haben. Einer der Einträge vermerkt unter der nachgefragten Rubrik, dass es ein ganzes Rudel gewesen sei, *mating*. Also ein mächtiger Mähnen-Löwe, der bei seinen Damen gerade für Nachwuchs sorgte. Am Abend blutet die Kalahari in exklusiven Rotfarben dahin, während die Sonne langsam versackt. Büsche und Bäume tauchen an den Bildrändern

1 Bildschöne Köcherbäume faszinieren. **2** Ein erfrischender Wasserfall. **3** Tief eingegrabene Canyons im Augrabies-Falls-Nationalpark. **4** Eine Flussfahrt auf dem Oranje. **5** Paviane bei Upington.

als schwarze Schattenrisse aus dem pastellfarbenen Licht. Webervögel schwirren wie verrückt um ihre Nester, die dunkel im Gegenlicht von vertrockneten Baumästen herabhängen. Ist die Sonne erst fort, breitet sich während der Winterzeit schnell unbarmherzige Eiseskälte aus. »The Song of the Kalahari« kommentieren Parkranger die beinahe außerrirdische Dramatik des allabendlichen Szenarios gerne. Und zucken angesichts ihrer verzückten Klientel hilflos mit den Schultern. Sie sehen das dramatische Bühnenstück jeden Tag.

Augrabies-Falls-Nationalpark

Nur wenige Fahrstunden südlich der Kalahari gibt es Wasser im Überfluss: Die Augrabies Falls lassen den Oranje River mit 50 000 Kubikmeter pro Sekunde 56 Meter tief stürzen. Während einer Rekordflut im Jahr 1988 drückte der Fluss unvorstellbare 7,8 Millionen Kubikmeter pro Sekunde durch die engen Schluchten! In mehreren Kaskaden rauschen die Wassermassen 190 Meter

1–3 Eine Reihe schöner Residenzen wie die der Le Must Premier Collection in Upington haben sich an den Ufern des Oranje versammelt und halten ihre Pforten als noble Gästehäuser offen.

abwärts, was die Sprache der Buschmänner als »Ort des großen Lärms« treffend beschreibt. Neben Giganten wie Niagara und Victoria Falls zählen die Augrabies Falls zu den sechs größten der Welt. Atemberaubende Wildwasserfahrten durch die kilometerlangen Canyons des Oranje lockte schon die Camel White Water Challenge Trophy an den tosenden Wasserspielplatz. Außer seinen donnernden Fällen hat der Augrabies-Falls-Nationalpark mondähnliche Steinlandschaften zu bieten, vor allem seinen Moon Rock, dessen bizarre Felsformation aus rötlichem Gneis und schwarzem Granit viele Besucher anlockt. Extrem hohe Temperaturunterschiede haben durch Verwitterung eine ganze Reihe skurriler Steingebilde hervorgebracht, wobei es der Mondfelsen tagsüber im Sommer auf eine Oberflächenhitze von bis zu 70 Grad schafft. Wer dann auf ihm herumklettert, muss mit dahinschmelzendem

Schuhwerk rechnen. Nach den wilden Wüsten- und Mondlandschaften warten unweit von Augrabies zivilisatorische Annehmlichkeiten der gediegenen Art: Das 1871 als Missionsstation gegründete Provinzhauptstädtchen Upington konnte sich an den fruchtbaren Flusslandschaften des Oranje durch ausgedehnten Weinanbau, Obst, Getreide, Datteln und Baumwolle ausreichenden Wohlstand erwirtschaften. Während weit draußen, am Horizont, die ausgedörrten Wüsten in bulliger Hitze flirren, sorgen Upingtons Bewässerungssysteme für paradiesische Kontraste.

Das schönste Ambiente verbreitet sich entlang des Oranje-Nordufers, an dem sich mittlerweile liebevoll restaurierte, georgianische Villen mit feinen, antiquarischen Interieurs als exquisite Country-Home-Gästehäuser etabliert haben. Ihre überbordenden Gärten reichen bis an die Ufer des großen Flusses hinunter, der den Gästen seine naturbelassene Wasserwelt wie auf der Filmleinwand vorführt. Das Out-of-Africa-feeling findet auch hier sein Publikum, wenn sich abends Tania Blixens Welt am flackernden Kaminfeuer hereinschleicht.

Zeit für Tswalu, Kalahari und Augrabies

Anreise/Lage

Tswalu Kalahari Reserve, der Kalahari-Gemsbok-Nationalpark (Kgalagadi-Transfrontier-Park) sowie Augrabies-Falls-Nationalpark liegen im Nordwesten Südafrikas, nahe der namibischen Grenze.
Flug: Mit South African Airways in die Provinzstadt Upington, von wo aus sich alle drei Ziele gut per Pkw erreichen lassen. Nach Tswalu direkt täglich mit Air Charter Service von Johannesburg (anderthalb Stunden) und Kapstadt (zwei Stunden).
Auto: Circa 300 km jeweils bis Tswalu (N 14 bis Kuruman, dann R 380 nach Sonstraal) oder Parkeingang Transfrontier-Park (R 360) nahe des ersten Restcamps Twee Rivieren, 120 km bis Augrabies Falls N 14). Strecke Kapstadt–Upington 900 km.

Beste Reisezeit

Wüstenklima, im südafrikanischen Sommer Durchschnittstemperaturen um 35 Grad, mit teilweise extremen Tageshöchstwerten. Beste Reisezeit deshalb im Winter mit Durchschnittstemperaturen um 21 Grad, häufig Minusgrade nachts. Im Spätsommer führen die Augrabies Falls das meiste Wasser, dann werden die Fälle spektakulär.

Unterkunft

Kgalagadi-Transfrontier-Park: Staatliche Rest-Camps in **Twee Rivieren, Mata Mata** und **Nossob** mit Chalets/Bungalows sowie guten Campingplätzen (aber ohne Stromanschluss). Vorausbuchung zu empfehlen, besonders während der Ferienzeiten, bei South African National Parks, P.O. Box 787, Pretoria 0001, Südafrika, Tel. 0027-12-4289111, Fax 0027-12-4265500, www.sanparks.org, reservations@sanparks.org
Tswalu Kalahari Reserve: Hauptlodge **The Motse,** außerordentliche Unterkunft im African style, erlesene Interieurs, getoppt nur noch vom absoluten Luxus der abseits gelegenen **Tarkuni Lodge.** Tswalu Kalahari Reserve, P.O. Box 1081, Kuruman 8460, South Africa, Tel. 0027-86-1879258, Fax 0027-53-7819238, www.tswalu.com, www.relaischateaux.com, res@tswalu.com oder tswalu@relaischateaux.com
Upington: Le Must River Residence, geschmackvolles Gästehaus auf Fünf-Sterne-Niveau, koloniales Herrenhaus am Oranje River (zehn Zimmer, erstklassige Ausstattung, Pool), sowie das **Le Must Manor House** im georgianischen Stil, Vier-Sterne-Kategorie, ebenso am Oranje gelegen. Le Must Premier Collection, 12 Murray Avenue und 14 Budler Street, Upington 8801, P.O. Box 2929, Northern Cape, South Africa, Tel. 0027-54-3323971, Fax 0027-54-3327830, www.lemustupington.com, manor@lemustupington.com
Augrabies Falls: Rest-Camps unter South African National Parks (siehe Kgalagadi-Transfrontier-Park, oben) oder direkt über Augrabies-Falls-Nationalpark, Private Bag X1, Augrabies 8874, South Africa, Tel. 0027-12-4289111, 0027-54-4529200, Fax 0027-54-4515003

Information

South African Tourism, Friedensstr. 6–10, 60311 Frankfurt, Tel. 069–9291290, Fax 069–280950, Informationsmaterial: 01805-722255 (0,12 €/Min), gebührenfrei: 0800-1189118, info.de@southafrica.net, www.southafricantourism.de

Mutige Experimente und ihre Folgen
Madikwe, Pilanesberg, Sun City, Waterberge

Am Anfang wurde die Wildnis zu Farmland. Dann zu nutzlosem Brachland. Bis findige Köpfe wie Sol Kerzner aus Dreck Gold zu machen begannen: Seine Funparks »Sun City« und »Lost City« begeistern heute Millionen, und ehemals wenig nutzbringende Weidegebiete wie Madikwe, Pilanesberg und die Waterberge strotzen wieder vor Wildlife.

»450 haben wir jetzt«, flüstert Godfrey Rampopo am Steuer des Landrovers, während eine große Elefantenherde gemächlich die Piste kreuzt. »Aber höchstens die Hälfte davon«, erklärt der schwarze Ranger, seien in Madikwe zu verkraften. Dabei waren es anfangs nur 25, die in einem der wagemutigsten Experimente mit Wildtieren hier eine neue Heimat fanden. Die liegt drei Fahrstunden nordwestlich von Johannesburg, an der botswanischen Grenze. »Operation Phoenix« hieß die spektakuläre Umsiedlungsaktion, die die Elefanten hierherbrachte, zusammen mit zahlreichen anderen wilden Kollegen aus dem Artenregister. In eine Region, die aufgrund von Trockenheit und Misswirtschaft lange ein armseliges Dasein geführt hatte. Nach dem Fall der Apartheid musste ein ökonomisches Konzept zur Lösung der sozialen Misere her, eine Existenzgrundlage für die einheimische, mehrheitlich schwarze, oftmals vertriebene oder zwangsweise umgesiedelte Bevölkerung. Ein Glück war es also nicht nur für die Elefanten, als eine Studie herausfand, dass in der dürren Landschaft wirtschaftliches Handeln und damit dringend benötigte Jobs am ehesten durch Wildlife entstehen könnten, was eine der umfassendsten Aktionen in Sachen Wildlife-Management anlaufen ließ. Zur Durchführung dieses staatlich gelenkten Mammutprojekts musste ein entsprechendes Territorium her, was aus unrentablen und heruntergewirtschafteten Farmgebieten zusammengeflickt wurde. Um die Wildnis wieder aufleben zu lassen. Auf der Grundlage entstand das Madikwe Game Reserve, und dazu gehörte das Errichten endloser Kilometer zweieinhalb Meter hoher, elektrischer Schutzumzäunungen, der Abbruch vorhandener Gebäude und Siedlungen, das Planieren von Fahrpisten, die Konzessionsvergabe zum Bau von Game Lodges sowie die Umsiedlung ganzer Dörfer. Antilopen, Zebras, Giraffen, Wasserböcke und Gnus kamen durch Aufkäufe und Umsiedlungen aus anderen Teilen des südlichen Afrika zurück

1 Streifengnus beim Salzlecken im Pilanesberg Game Reserve. **2** Veranda von Jaci's Lodge. **3** Schwarzer Schnurfüßer *(millipedes tachypodoiulus niger)*. **4** Zu den wirklich exotischen Ereignissen von Jaci's Lodge im Madikwe Game Reserve gehört der allabendliche Sundowner.

1 Der sogenannte *morning game drive* kann für Langschläfer zum Reizwort werden. **2** Zebra und ... **3** ...und Löwen ... **4** ... in der Nähe von Jaci's Tree Lodge. **5** Das morgendliche Geschrei der Vogelwelt kann absurde Ausmaße annehmen, ist aber an diesem Wasserloch schon wieder beendet.

in ihr angestammtes Gebiet. Dorthin, wo sie schon einmal vor der Zerstückelung ihrer Naturräume durch den Menschen heimisch gewesen waren. Insgesamt zogen 8200 Tiere aus 28 Großwildarten in Madikwe ein, über 20 verschiedene Lodges sind im Park inzwischen vertreten.

Godfrey, vom Stamm der Balete und Wildlife-Ranger, wird seinen Gästen auf diesem *game drive* noch die restlichen der *big five* präsentieren können, also Löwen, Büffel, Rhinozerosse und sogar einen der seltenen Leoparden. Was aus den (zu) vielen Elefanten im Madikwe Game Reserve werden soll? Die müssen warten, bis das nächste Großprojekt einen geplanten Korridor zum 100 Kilometer entfernten Pilanes-Nationalpark freibekommt, um die beiden Tierreservate Madikwe Game Reserve und Pilanes-Nationalpark zu vereinigen. Der auf diese Weise neu geschaffene Heritage-Park wäre mit einer Gesamtfläche von 255 000 Hektar renaturierter Wildnis so groß wie das Saarland und würde zu einem der größten

Tierparks Südafrikas werden. Und dem legendären Krüger-Park mächtig Konkurrenz machen. Godfrey lächelt. Dann, sagt er, gäbe es auch ausreichend Platz für die vielen Elefanten. Was aus den Menschen werden soll, die noch im Erweiterungsgebiet in vereinzelten Siedlungen leben, erklärt er gleich mit: Erst evakuieren,

5

dann reintegrieren. Wie das funktioniert, hat sein Dorf Lekgophung in einem Pilotprojekt ausprobiert. Mit einigen Millionen Rand hat sich Lekgophung verschuldet, um gemeinsam mit einer Management-Gesellschaft, den Wildlife-Rangern der North-West-Parks-Behörde sowie Regierungsexperten die erste gemeindeeigene Luxus-Safari-Lodge Südafrikas zu planen, zu bauen sowie, als hundertprozentiger Eigentümer, selbstständig zu betreiben. Durch strenge Auswahltests sowie hartes Training sind 25 direkte Arbeitsplätze und damit regelmäßige Einkommen für Lekgophung entstanden, das zusätzlich von einer Reihe weiterer Dienstleistungen profitiert. Der Weg aus dem verarmten Dorf zur Fünf-Sterne-Lodge führte Priscilla Rampopo (Service), Moremi Keabetswe (Assistant Manager), Ephraim Ramosimane (technischer Betrieb) geradewegs in die globale Welt des modernen Ökotourismus. Balete-Chief Kgosi Tsiepe ist mächtig stolz darauf, dass sein Stamm nun am Wirtschaftskreislauf, der sich um Tier- und Naturschutz dreht, teilhaben kann. Erwirtschaftete Überschüsse aus den Erträgen der Lodge fließen auf das Konto des Dorf-Trusts, der wiederum Schulen, Krankenversorgung und die Infrastruktur Lekgophungs unterstützt. Längst hat das Buffalo-Projekt, das nach beinharten ökonomischen Regeln funktioniert, Nachahmer gefun-

den, und die Idee eines Community Based Tourism ist in aller Munde. Immer mehr wirtschaftlich benachteiligte ethnische Gemeinschaften finden im Sektor Wildlife und Ökotourismus ein würdevolleres Auskommen. Und lassen sie, ganz im Sinne Nelson Mandelas, vom äußersten Rand in die Mitte der Gesellschaft wachsen. Wobei *the big five* und all die anderen Wildtiere ihre aktivsten Helfer sind.

Gut eine Fahrstunde von der Buffalo Ridge Lodge entfernt findet ein anderes Wildlife-Projekt statt. Etwas weniger spektakulär, aber ebenso ein Meilenstein in der Wildnis. »Jaci's war die erste Lodge in ganz Südafrika«, erzählt Jan van Heteren über seine Erfolgsgeschichte, die mit Kindern zu tun hat, »die Safaris speziell für Kids auf die Beine gebracht hat!« Der 50-jährige Familienvater, der seine Lodge nach seiner Ehefrau Jaci benannte, hat selbst drei. Und weiß, wovon die Rede ist. Als die van Heterens die Lizenz für das Madikwe-Wildreservat erhielten und 1999 mitten im dichtesten Busch »Jaci's« aufbauten, wurde ihr bis dahin ungewöhnliches Programm »Safari und Kinder« sofort zu einem durchschlagenden Erfolg. Safari mit Kindern? Das hatte einen seltsamen Klang, obgleich doch immer mehr Paare immer später heirateten und später Kinder bekamen, mit denen sie dann auch ihre Zeit verbrin-

gen wollten, kommentiert van Heteren seine erfolgreiche Vermarktungsidee. Aber die meisten Lodges mochten sich auf Kinder gar nicht einlassen oder stellten zumindest eine Altersbegrenzung (gewöhnlich ab 12 oder 16 Jahren) auf. »Jaci's« Devise lautet, dass Kinder ausdrücklich erwünscht und nicht nur »akzeptiert« werden, wie dies mehrheitlich so formuliert ist. Kinder und Jugendliche jeden Alters werden auf »Jaci's« nicht zu einem Problemfall, sondern stehen – gleichwertig neben den erwachsenen Gästen – im Fokus des Geschehens. Ein speziell auf sie abgestelltes Programm bietet vom Dschungel-Abenteuer bis zum Fährtenleser-Kurs alles, was edukativ und spannend ist, wobei in der lebendigen Praxis wie beiläufig die aufregende Tier- und Pflanzenwelt der Wildnis erklärt wird. Auch Eltern profitieren, weil sie selbst ungestört auf Safari gehen und abends, am wärmenden Feuer in der *boma*, in Ruhe dinieren können, während sie ihre Sprösslinge unter professioneller Aufsicht wissen. Tierbeobachtungen machen die Kleinen bis zum Alter von sieben Jahren mit eigenem Führer. Der kann während des *kiddies drive* auf einem besonders abgesicherten Geländefahrzeug speziell auf Interessen, Alter und Aufnahmefähigkeit der Kinder eingehen. Außerdem bietet »Jaci's« geeignete Safari-Programme für Kinder im Alter zwischen drei und zwölf Jahren an,

die über die üblichen Kinderangebote hinausgehen: Speziell geschulte Führer geben Kurse im Spurenlesen und gehen mit den Kleinen auf die Pirsch, vermitteln Einblicke in traditionelle Handwerkstechniken der Einheimischen sowie in deren Leben im afrikanischen Busch. Dabei lässt sich spielerisch lernen, wie viele Liter ein Elefant täglich verbraucht, warum *hippos* zu den gefährlichsten Wildtieren zählen, und wer als Sechster im Bunde mit den *big five* das halbe Dutzend der afrikanischen Großwildtiere vollmacht: die Wale vor Kapstadts Küsten natürlich. Die riesigen Säuger, die jedes Jahr aus den antarktischen Gewässern zur Südspitze Afrikas ziehen, um dort ihren Nachwuchs aufzuziehen. Fasziniert beobachten die Heranwachsenden, wie emsig die bunten Webervögel ihre fantastischen Hängenester bauen, hören, was es mit giftigen Schlangen wirklich auf sich hat oder mit welcher Technik Löwinnen eine Antilope jagen, während der zottelige König des Dschungelbuchs faul im Schatten einer Akazie döst, bis ihm seine Mahlzeit fertig erlegt präsentiert wird. Elefanten, manche sechs Tonnen schwer, mit bis zu drei Meter langen Stoßzähnen, saugen pro Tag 200 Liter Wasser durch ihre Rüssel und fressen bis zu 300 Kilogramm Grünzeug von Bäumen und Sträuchern. Löwen sind mit 50 Stundenkilometern nur halb so schnell wie Geparden, springen

1–6 Der Pool, stilvolle Badezimmer sowie ausgesuchte Interieurs machen Jaci's Tree Lodge zu einem der schönsten Domizile in Madikwe. Viele der Angestellten gehören seit Jahren dazu und finden die expressionistische Architektur und das feine Design einfach fantastisch.

aber über zehn Meter weit. Die Stampede einer wild gewordenen Büffelherde kann alles, was im Wege steht, rücksichtslos plattmachen. Das müssen auch Löwen ab und an hautnah erfahren, wenn sie es wagen, die massigen Huftiere anzugreifen. Eine der spannendsten *big-five*-Geschichten erzählt, wie einmal ein Rudel Löwen von 200 Büffeln auf umliegende Bäume gejagt wurde, auf denen die Raubkatzen stundenlang herumsitzen mussten, weil die Gehörnten unter ihnen nicht daran dachten zu weichen. So ist es im Busch, erklärt Jan seinen wissbegierigen kleinen Safari-Gästen, entweder es ist alles in Stille erstarrt und rein gar nichts geschieht oder blitzschnell alles in nur einer Sekunde. Und, wenn was passiert, mit den Kindern in der Wildnis? Jan lacht. »Die größte Gefahr ist das Kokeln mit Feuer. Wie es richtig geht, kriegen sie hier als Erstes beigebracht.« Es folgt noch etwas Statistik über die Risiken verbunden mit Wildtieren. »Die Eltern machen sich unnötige Sorgen«, schmunzelt Jan, »die Kids haben hier sowieso keine Angst!« Im Vergleich zu einem zivilisierten Haushalt, sagt er, passiere in der Wildnis praktisch nichts. Zur Beruhigung besorgter Mütter und Väter parkt seine zweimotorige Cessna auf der Piste gleich nebenan, mit der es in die Metropolen Johannesburg und Pretoria nur ein Katzensprung ist.

Pilanesberg-Nationalpark und Sun City

Nur 170 Kilometer nordwestlich von Johannesburg erstreckt sich auf einer Fläche von 580 Quadratkilometern der Pilanesberg-Nationalpark. Nach einer vergleichbaren Konzeption wie Madikwe ist er 1979 auf nutzlosem Brachland und ehemaligen Farmgebieten durch Renaturierungsmaßnahmen entstanden. »Operation Genesis« hieß hier die Umsiedlungsaktion von 7000 Wildtieren, die aus anderen Schutzgebieten antransportiert worden sind. Heute existiert in den weiten, topografisch reizvollen Savannenlandschaften die drittgrößte Breitmaulnashornpopulation sowie ein guter Bestand an seltenen Spitzmaulnashörnern, Flusspferden, Giraffen, Elefanten und Büffel. Im Gegensatz zu Madikwe lässt sich das Tierparadies auf sehr gut ausgebauten Pkw-Pisten selbst erfahren. Aber Achtung: Raubtiere wie Löwen, Hyänen und Leoparden laufen frei herum. Einen besonderen Reiz erhält Pilanesberg durch seine unmittelbare Nähe zu Sun City, dem größten Vergnügungspark, der je aus afrikanischem Wüstenboden gewachsen ist. Schon zu Apartheidszeiten wurde das südafrikanische Las Vegas in die Savannenlandschaft des ehemaligen Homelands Bophuthatswana gesetzt (1979). Für das Mammutprojekt wurden riesige Affenbrot-

bäume aus Simbabwe herbeigeschafft, exotische Hängebrücken über Schluchten gespannt, künstliche Wasserfälle angelegt und exotische Paläste erbaut. Seither pilgern täglich Tausende in dieses »siebte Weltwunder«, um funkelnde Luxushotels, glitzernde Kasinos und schrille Diskotheken zu erleben. Das Spaß-Dorado

1 Im Las Vegas Südafrikas, Sun City, scheint nichts unmöglich … **2** … wie das Gedränge im »Valley of the Waves« beweist. **3** Nichts ist im extraordinären Luxushotel The Palace zu verrückt, … **4** … als dass es nicht auch beeindruckend schön wirken könnte.

bietet Kinos, Arenen für Pop-, Rock- und Sportveranstaltungen, Golfplätze, Ballon-, Drachen- wie Hubschrauberflüge sowie jeden erdenklichen Extremsport, kurz: Abenteuererlebnisse aller Art. 1992 ließ der Wüstenschloss-Erfinder Sol Kerzner, einer der reichsten Unternehmer des Landes, seine tempelartige Lost City dazubauen und knüpfte damit an den Mythos vom versunkenen afrikanischen Reich an. In einer Art afrikanischer Ausgabe von Disney-World wurde eine nahezu perfekte Illusion so erfolgreich inszeniert, dass sich ein Besuch selbst für kritische Geister zu einer unglaublichen Fata Morgana gestaltet. Zur Krönung seiner Vergnügungsvision ließ Kerzner das Luxushotel The Palace aus dem trockenen Wüstenboden stampfen. Das beeindruckende Palasthotel, das häufig als Kulisse in Drehbüchern auftaucht, liegt inmitten eines künstlichen Regenwaldes, an einem herrlichen Sandstrand, von Wellen umspült, die es eigentlich gar nicht gibt. Wer zwischen Black Jack, Roulette und Extremsport auch noch Wildtiere besichtigen will, kann das sozusagen unmittelbar vor der Haustür, im Pilanesberg-Nationalpark. Dort lässt sich zwischen wild wuchernder Vegetation in den Schluchten eines erloschenen Vulkankraters reichlich Wildlife sehen, bevor es ins Sündenbabel von Sun City und Lost City zurückgeht.

»The Palace of the Lost City« produziert viel Stoff, aus dem nachts Träume wachsen.

1 Bequemes Impala-Viewing ... 2 ... vom Klubsessel ... 3 ... der Buffalo Ridge Lodge im Madikwe Game Reserve. 4 Sunset in Jaci's Safari Lodge.

Waterberge

Eine ganze Reihe weiterer Wildschutzgebiete finden sich nur wenige Fahrstunden nördlich von Johannesburg und sind deshalb als Naherholungsgebiete der Riesenmetropole beliebt. Eines davon nennt sich Ant's Collection und liegt in der zerklüfteten Region der Waterberg Mountains. Hier haben Tessa und Anthony Barber mit ihren luxuriösen Lodges »Ant's Nest« und »Ant's Hill« auf 1300 Meter Plateauhöhe ein selten schönes Wildnis-Paradies für Eltern mit Kindern geschaffen. Der Clou: Da es keine Raubtiere gibt, geht es hier im Pferdesattel oder mit dem Mountainbike auf Tuchfühlung mit Zebras, Giraffen und Nashörnern. »Mein Traum, als ich hier noch ein kleiner Junge war«, erzählt Ant, dessen Vorfahren 1864 vom Kap mit Ochsenkarren hergezogen waren und die elterliche Farm aufbauten, »die wilden Tiere zurückzuholen!« Jetzt

leben auf dem 5000 Hektar großen Gelände mehr als 40 Wildarten (Breitmaulnashörner, Büffel, Giraffen, Zebras, Warzenschweine, Gnus, Säbelantilopen, seltene Nyalas sowie Oryx, Eland und Wasserböcke) friedlich nebeneinander. Dazu hat Ant 50 Reitpferde auf seinen Weiden sowie erstklassige Mountainbikes im Bestand. An bis zu drei Tonnen schwere Rhinos lässt es sich ganz nah heranradeln oder reiten, Zebras auf Rad- oder Pferdelänge bestaunen und sehr ungewöhnliche Größenverhältnisse zwischen Ross, Reiter und Biker neben hoch aufragenden Giraffenhälsen herstellen. Tessa spricht fließend Deutsch, weil Tante und Onkel in Bad Tölz und die Großmutter in Villach leben. Mit viel Sinn für Interieur und Design ist auf »Ant's« ein architektonisch bestechendes Ambiente entstanden. Besonders die ausladenden Reetdächer über den schönen Natursteinmauern der ehemaligen Farmgebäude kreieren eine sehr heimelige Atmosphäre. Auf große Faulpelze wartet ein Zaubergarten mit Riesenpool, auf Kinder jeden Alters eine lebensverändernde Erfahrung durch spezielle Wildnis-Programme. Sechs Ponys sowie Reitstunden für Kinder machen diese tagsüber für ihre Eltern quasi unsichtbar.

Zeit für Madikwe, Pilanesberg, Sun City, Waterberge

Anreise/Lage

Auto: Die drei Schutzgebiete sowie Sun City und Lost City liegen nur wenige Fahrstunden nordwestlich von Johannesburg und sind malariafrei.

Beste Reisezeit

Kühle Nächte und warme Sonnentage im südafrikanischen Winter, im südafrikanischen Sommer mit bis zu 40 Grad sehr warm, während der Schulferien und um Weihnachten betriebsame Hochsaison.

Sehen und erleben

Das verrückteste Erleben dieser Region findet in Afrikas ungewöhnlichstem Vergnügungspark Sun City und Lost City statt, mit Sport und Unterhaltung wie Tennis, Squash, Reiten, Segeln, Windsurfen, Jet-Skiing, Golf sowie **speziellen Kinderprogrammen** und **organisierten Safaris** durch den **Pilanesberg-Nationalpark.**

Unterkunft

Madikwe Game Reserve
Buffalo Ridge Lodge,
P.O. Box 4617, Halfway House 1685, South Africa,
Tel. 0027-11-8059995, Fax 0027-11-8050687,
www.buffaloridgesafari.com, reservations@buffaloridgesafari.com
Jaci's Safari Lodge und **Jaci's Tree Lodge,**
Tel. 0027-83-7002071 und 0027-4472729, Fax 0027-86-5175780,
www.madikwe.com, jaci@madikwe.com

Pilanesberg/Sun City
Übernachtungs-Highlight ist das Fünf-Sterne-Luxushotel
The Palace of the Lost City, im Vergnügungspark Sun City,
Tel. 0027-11-7807800, Fax 0027-11-7807878 (322 Zimmer, 16 Suiten,
Infos: aus Deutschland gebührenfrei unter 00800-10101111).

Waterberge
Ant's Collection mit **Ant's Nest** und **Ant's Hill:** Ant's Collection,
P.O. Box 441, Vaalwater 0530, South Africa, Tel. 0027-14-7553548
und 0027-14-7554940, Fax 0027-86-5098239, www.waterberg.net,
antsnest@telkomsa.net

Aktivitäten

Jaci's wie **Ant's** bieten neben ihren **game drives Safari-Programme für Kinder** (im Voraus zu buchen); Spezialität auf **Ant's** sind außerdem Safaris zu Pferde, per Mountainbike sowie geführte Wandertouren, Pilanesberg lässt sich mit dem eigenen Pkw erkunden.

Information

In Deutschland: **Jaci's** und **Ant's** unter Exclusive Travel Choice, Im Banngarten 10, 61273 Wehrheim/Taunus, Tel. 06081-688489, Fax 06081-688490, info@etcmarketing.de, www.ExclusiveTravelChoice.com – alle Hotels in Sun City und Lost City unter Sun International, Feldbergstr. 8b, 61440 Oberursel, Tel. 06171-57071/2, Fax 06171-54149

Strand, Sümpfe und Seen
St. Lucia-Wetland-Park und Phinda Private Game Reserve

Der iSimangaliso Wetland Park zwischen St. Lucia und der mosambikanischen Grenze im Norden von KwaZuluNatal verbindet so unterschiedliche Lebensräume wie Grasland, Savanne, Küstenwälder, Mangrovensümpfe, Dünen, lange Sandstrände und Korallenriffe in einem einzigen Schutzgebiet. Das private Wild-reservat Phinda südlich des Nationalparks bietet ein exklusives Safari-Erlebnis mit Geparden-Garantie.

Die Sterne funkeln über uns, als wir in ansonsten völliger Dunkelheit barfuß über den weiten Sandstrand von Bhanga Nek im Kosi-Bay-Naturreservat wandern. Aus dem dichten Küstenwald, der sich direkt hinter den Stranddünen ausbreitet, tönt das Konzert der Zikaden bis zum Indischen Ozean. Konzentriert beobachten wir die sanften Wogen, in Erwartung, dass sie einen Schatten an den Strand spülen, der sich nach oben zu den Dünen bewegt. Schon etwa eine Stunde halten wir in Begleitung eines Rangers Ausschau nach Karett- und Lederschildkröten, die im südafrikanischen Sommer zwischen Mitte November und Mitte Februar an diesem Küstenabschnitt zwischen St. Lucia und der mosambikanischen Grenze ihre Eier am Strand ablegen. Und plötzlich ist es so weit: Eine etwa 1,50 Meter lange Karettschildkröte mit ihrem glatten, abgeflachten und nach hinten spitz zulaufenden Panzer hinterlässt eine breite Schleifspur, als sie über den Strand aufwärtskriecht. Am Rande der bewachsenen Küstendünen angekommen, beginnt sie mit den kräftigen Vorderflossen zu graben. Erstaunlich schnell ist ein circa 60 Zentimeter tiefes Loch ausgehoben, in das die Schildkröte völlig geräuschlos etwa 80 golfballgroße Eier ablegt. Nach der Ei-Ablage beginnt die schwerste Arbeit für die Schildkrötenmama: Mit den wie Schaufeln geformten Hinterflossen schiebt sie Sand links und rechts in die Mulde und knetet diesen wie einen Kuchen durch. Mit rudernden, sehr langsamen Bewegungen manövriert sie unbeholfen im Sand herum, und wir können uns kaum vorstellen, dass sie es selbst schaffen wird, das Loch zu befüllen und ihren massigen Panzer daraus zu befreien. Doch nach etwa drei Stunden hat sie es vollbracht und das Nest komplett bedeckt. Sichtlich erschöpft kriecht sie über den Strand Richtung Meer und verschwindet in den Wellen. Sofern nicht ein Honigdachs oder eine Ginsterkatze das Nest plündert, werden in etwa

1 Wälder und feuchtes Grasland säumen die Küste. **2** Lilie am Wegesrand. **3** *Hippos* sind die für den Menschen gefährlichsten Säugetiere Afrikas. **4** Eine Bootsfahrt im St.-Lucia-Seensystem gehört zum Pflichtprogramm.

1 Luxuriöses Hideaway: Kosi Forest Lodge im Kosi Bay Nature Reserve. **2** und **3** Die Busch-Suiten und das schilfgedeckte Hauptgebäude mit Restaurant liegen versteckt in einem ursprünglichen und erholsam ruhigen Sandwald.

zwei Monaten winzige Schildkröten ausschlüpfen und den gefährlichen Weg zum Wasser antreten. Wegen der kleinen Überlebenschance von 2:1000 legt jede Schildkröte zur Saison mehrere Nester mit bis zu 150 Eiern am von Rangern überwachten Strandabschnitt im Kosi-Bay-Reservat an.

Das Kosi-Bay-Naturereservat in KwaZulu-Natal schützt ein System aus vier durch Kanäle miteinander verbundene Seen an der Kosi-Mündung. Neben der Schildkrötenbeobachtung kann man im Reservat auch Fischen und bei Boots- und Kanufahrten auf dem wilden Seensystem seltene Vögel wie die große Pel-Fischeule oder den Palmgeier beobachten, der sich von den Früchten der heimischen Raffiapalme ernährt. Kanutrips auf den Seen und Kanälen sowie Turtle-Tracking-Touren gehören zum Programm der Kosi Forest Lodge, deren auf Holzdecks gebaute Bungalows sich im seltenen Sandwald verstecken. Besonders das Open-Air-Bad mit einer Badewanne im weißen Sand, nur überdacht von den Blättern und Baumwipfeln des Waldes, verleihen den Suiten einen besonderen Wildnis-Charme.

Das Kosi-Bay-Reservat ist die nördlichste Station einer Tour durch den St.-Lucia-Wetland-Nationalpark, der 2007 den (bisher wenig populären) Zulu-Namen iSimangaliso-Wetland-Park erhielt. Der drittgrößte Nationalpark Südafrikas erstreckt sich über 220 Kilometer entlang der Küstenlinie des Indischen Ozeans, von Kosi Bay im Norden bis zum Mündungsgebiet des Lake St. Lucia im Süden. Er beinhaltet drei große Seensysteme (Kosi Bay, Lake St. Lucia, Lake Sibayi) und stellt fünf zusammenhängende Ökosysteme unter Schutz: Die Wasserwelt des Indischen Ozeans mit den südlichsten Korallenriffen Afrikas, Meeresschildkröten und der größten Popu-

lation der kuriosen Quastenflosser *(Coelacanthiformes)*; die Eastern Shores (östlicher Küstenbereich) mit weiten Grassavannen, Feuchtgebieten und den bis zu 180 Meter hohen, bewaldeten Küstendünen; der Lake St. Lucia mit seinem Kanalsystem im Süden; die Mkuze-Sümpfe am nördlichen Ende des Lake St. Lucia mit ausgedehntem Papyrus-Sumpfland sowie die trockene Dornbuschsavanne der Western Shores (westlich des Lake St. Lucia). Bevor der Nationalpark 1999 zum ersten UNESCO-Weltnaturerbe in Südafrika ernannt wurde, drohte diesem einzigartigen Naturraum jedoch fast die Zerstörung. Denn die jahrtausendealten Küstendünen und der sandige Boden enthalten Titaneisen – die Landschaft sollte sich in ein großes Abbaugebiet verwandeln. Dank der Proteste von Naturschützern entschied man sich schließlich für die Einrichtung eines Nationalparks und zur Förderung des Ökotourismus an diesem Küstenstreifen zwischen Mosambik und St. Lucia. Jenseits der Küstendünen im Hinterland mit seinen Mangroven-

sümpfen, Riedgrasflächen, Savannen und Wäldern leben daher heute wieder Elefanten, Nashörner, Büffel, Wildhunde, Geparden, Gnus, Zebras, Giraffen, Riedböcke, Wasserböcke u.v.m. Außerdem finden Vogelliebhaber im Nationalpark die größte Artenvielfalt in ganz Afrika – mit über 500 Arten sind hier rund ein Viertel aller afrikanischen Vogelarten heimisch. Heute bietet der St. Lucia Wetland Park nicht nur endlose Sandstrände zum Baden, Angeln, Schnorcheln und Tauchen in St. Lucia, Cape Vidal und Sodwana Bay, sondern auch interessante Wildtierbeobachtungen.

Ausgangspunkt für unsere Erkundungstour durch den Park war der Ort St. Lucia am südlichen Ende des Nationalparks zwischen Indischem Ozean und dem Mündungsgebiet des Lake St. Lucia. Mit Supermärkten, Restaurants, Souvenirläden, Reiseagenturen und diversen Gästehäusern hat der Ort alles zu bieten, was unser Touristenherz begehrt. Da wir in den südafrikanischen Sommerferien unterwegs sind, ist der lange, von Kasuarien gesäumte Sandstrand

1

von St. Lucia voller einheimischer Urlauber, die ihrem liebsten Hobby nachgehen: dem Angeln. Denn von Hochseeangeltouren, Speerfischen, Küstenangeln bis zum Salzwasser-Fliegenfischer stehen hier Anfängern und versierten Sportfischern mit einem *recreational fishing permit* der Nationalparkbehörde alle Möglichkeiten offen. St. Lucia liegt im Mündungsgebiet des Kanalsystems, das den 85 Kilometer langen St.-Lucia-See (bei genug Regenfällen) mit dem Indischen Ozean verbindet. Der nur etwa 1,50 Meter tiefe Kanal zwischen St. Lucia Lake und der Mündung ist die Heimat Tausender Nilpferde, Wasservögel und Krokodile. Die südafrikanischen Fischer bei St. Lucia sind offenbar so an den Anblick der Reptilien gewöhnt, dass sie ihre Angel in nur wenigen Metern Entfernung der *Crocs*, die sich auf der Sandzunge zwischen dem Kanal und dem Meer sonnen, auswerfen. Wir möchten den Krokodilen lieber nicht zu nahekommen und unternehmen daher eine zweistündige Flusskreuzfahrt mit dem Touristenboot »St. Lucia« auf dem Kanal in Richtung St. Lucia Lake. Pelikane, Störche, Reiher, Flamingos, Eisvögel und Fischadler tummeln sich im Schilf und den Mangrovenwäldern am Ufer. Highlight der Bootsfahrt sind jedoch die zahllosen Hippos und Krokodile, an die der Kapitän so nahe wie möglich heranmanövriert. Die bis zu sechs Meter langen

2

1 Eine lange Sandzunge versperrt die Mündung des St.-Lucia-Kanalsystems in den Indischen Ozean. 2 Der Lake St. Lucia am Südrand des Parks ist die Heimat für die größte Krokodilpopulation Südafrikas. 3 Vom Pool der Kosi Bay Forest Lodge blickt man über den Lake Shengeza. 4 Eine Kajakfahrt auf dem Kanal Sihadla gibt Einblick in das komplexe Ökosystem des Schutzgebiets.

crocs liegen regungslos mit aufgesperrtem Maul auf den Schilf-inseln, auch die massigen Körper der Flusspferde im flachen Was-ser wirken behäbig und unbeweglich – aus dieser Perspektive kaum vorstellbar, dass beide Tiere zu den für den Menschen gefährlichs-ten der afrikanischen Tierwelt gehören.

Von St. Lucia treten wir die 32 Kilometer lange Fahrt in Richtung Norden zum bei südafrikanischen Anglern ebenfalls sehr beliebten Cape Vidal an. Wir queren die Busch- und Graslandschaft des Eas-tern Shores Game Reserve und haben Glück: Uns laufen Kudus, Gnus und sogar zwei Nashörner vor die Kamera. Kurz bevor wir den Küstenwald von Cape Vidal erreichen, eröffnet sich ein fantas-tischer Ausblick auf den großen Lake Banghazi. Der von dicht bewachsenen Dünen begrenzte Sandstrand von Cape Vidal ist nicht nur ein Angler- und Badeparadies, hier kann man zwischen Juni und November mit etwas Glück auch Buckelwale beobachten. Die im Wald überall herumspringenden frechen Meerkatzen und Samango-Affen klauen uns in einer unbeobachteten Minute unsere Brotzeit und stellen die Mülleimer auf den Kopf.

Im zentralen Bereich des St.-Lucia-Nationalparks steuern wir eine der weltweiten Top-Destinationen für Taucher an: Sodwana Bay mit seinen vorgelagerten Korallenriffen Two, Five, Seven und Nine Mile Reef. Die geschützte Bucht mit riesigem Campingplatz ist ei-ner der beliebtesten Urlaubsdestinationen der Südafrikaner aus KwaZuluNatal – zur Hauptsaison wird der Strand von Geländefahr-zeugen mit vollem Angel-, Boots- und Picknick-Equipment belagert. Nach der Erkundung der Küstenlandschaften von St. Lucia steht als krönender Abschluss noch ein exklusives Safari-Erlebnis im privaten Wildreservat Phinda, das mit dem Mkhuze Game Reserve südlich an den St.-Lucia-Nationalpark angrenzt, auf dem Pro-gramm. Seit seiner Gründung 1991 wurde das Reservat mehrfach für seine Verdienste im nachhaltigen Ökotourismus und für seine Projekte zugunsten der lokalen Zulu-Bevölkerung ausgezeichnet. Wie St. Lucia vereint Phinda mehrere unterschiedliche Ökosys-teme in einem 23 000 Hektar großen Privatreservat. Das Busch-land mit verschiedenen Akazien, die Grassavannen mit Ilala-Palmen, die Feuchtgebiete mit Fieberakazien, die Flusslandschaften am Munyawana und Mzinene River sowie der Sandwald sind Hei-mat der *big five,* von Krokodilen und Hippos, Zebras, Giraffen und Gnus sowie einer der größten Nyala-Populationen.

Die Safari-Gäste aus aller Welt finden Unterkunft in einer der sechs im Park verteilten Unterkünfte – jede mit ihrem eigenen Stil in einer besonderen Umgebung. Von der auf einem Hügel liegen-

1 Vom privaten Planschbecken einer Suite in der Vlei Lodge genießt man den Ausblick auf die Grasebenen im Reservat Phinda. 2 und 3 Im Phinda Private Game Reserve leben die *big five* – und dazu besonders viele Geparden. 4 Abendliches Lagerfeuer in der Kosi Forest Lodge.

den Mountain Lodge bietet sich – wie der Name sagt – ein fantastischer Ausblick auf die Lebombo-Berge und das Reservat. Auf dem weitläufigen Areal verteilen sich 25 reetgedeckte Suiten mit eigenem Badebecken auf der Privatterrasse, alles in einem gelungen Mix aus modernen und afrikanischen Stilelementen. Im offenen Barbereich mit Kamin tauscht man abends in familiärer Atmosphäre Abenteuergeschichten aus – auch Familiensuiten und Aktivitäten für Kinder werden angeboten. In Sichtweite thront die Rock Lodge gegenüber der Felsformation Leopard Rock über einem Feuchtgebiet, von dem abends ein ohrenbetäubendes Froschkonzert ertönt. In der im Pueblo-Stil gestalteten Anlage mit nur sechs, luxuriösen Suiten genießen die Gäste exklusive Privatbetreuung mit allen erdenklichen Extras. Eine völlig andere Umgebung und Atmosphäre bietet die Forest Lodge im seltenen Sand-

wald im Norden des Reservats. Die minimalistisch im »Zulu Zen«-Stil gehaltenen, auf Holzplattformen weitläufig im märchenhaften, lichten Wald verteilten Suiten sind voll verglast – mit Rundumblick auf die silberig-grün bemoosten und mit Flechten behangenen Bäume wie Zulu Podberry und Sandveld Newtonia.

Da keine der Lodges in Phinda umzäunt ist, kommt das Wildnisfeeling trotz Luxus nicht zu kurz. Von den verglasten Zimmern der Forest Lodge beobachten wir Ducker und Nyalas, die auf Futtersuche durch den Wald streifen. Und auch die Meldung, dass auf dem Areal der Rock Lodge vor dem Zimmer eines Gastes ein Löwe oder eine Schlange gesichtet wurde, gehört für die Ranger zur Tagesordnung. Zweimal täglich steht ein *game drive* im offenen Landrover auf dem Programm, bei denen von einem erfahrenen Ranger und einem Zulu-Tracker auf der Motorhaube selbst die kleinste Tierspur nicht unentdeckt und -erläutert bleibt. Löwen und Leoparden sieht man im Phinda Private Game Reserve täglich, und in wohl keinem anderen Park in Südafrika stehen die Chancen so gut, die ansonsten so scheuen Geparden mit ihren Jungen aus nächster Nähe zu beobachten.

Zeit für St. Lucia und Phinda

Anreise/Lage

Die Schutzgebiete St. Lucia Wetlands und Phinda liegen an der Nordküste Südafrikas in KwaZulu-Natal, östlich begrenzt vom Indischen Ozean.
Flug: Mit South African Airways u.a. nach Johannesburg, Durban oder Richards Bay. Federal Air fliegt täglich von Johannesburg nach Phinda.
Auto: Von Durban auf der Schnellstraße N2 bis Ausfahrt Mtubatuba (ca. 230 km), weitere 25 km bis St. Lucia. Nach Kosi Bay auf der N2 bis Hluhluwe (ca. 285 km), dann über Mbazwane und Manguzi ca. 160 km Landstraße. Nach Phinda auf der N2 bis Ausfahrt Phinda, dann 8 km Schotterpiste (330 km ab Durban).

Beste Reisezeit

Ganzjährig. Im Winter kühl, trocken und etwas bessere Beobachtungsmöglichkeiten, im Mai/Juni angenehmste Temperaturen. Im Sommer (Dezember bis Februar) mehr Regen, heiß und schwül, Saison für Schildkrötenbeobachtung, zum Fischen, Schwimmen und Tauchen.

Sehen und erleben

Fünf zusammenhängende Ökosysteme mit Korallenriffen, Küstendünen, Sümpfen, Grasland, Savanne und dem Seensystem von St. Lucia und Kosi Bay. Beobachtung der **big five**, von Meeresschildkröten und Walen.

Unterkunft

Sechs luxuriöse Lodges im Phinda Private Game Reserve: &Beyond Africa, South Africa, Tel. 0027-11-8094300, Fax 0027-11-8094400, www.andbeyond.com, safaris@andBeyond.com, www.andbeyond.com
Kosi Forest Lodge im Kosi Bay Nature Reserve: Isibindi Africa Lodges, South Africa, Tel. 0027-35-4741473, Fax 0027-35-4741490, www.isibindiafrica.co.za

Aktivitäten

Bootsfahrt im Mündungsgebiet des Lake St. Lucia.
Game drives im Eastern Shores Game Reserve und in Phinda.
Walbeobachtung (Juni bis November).
Beobachtung der Schildkrötenei-Ablage (November bis März).
Tauchen, Angeln und Hochseefischen in Cape Vidal/St. Lucia Marine Reserve.
Baden und Schnorcheln bei St. Lucia, Cape Vidal, Sodwana und Kosi Bay.
Kanu- und Bootsfahrten in Kosi Bay.

Information

Ezemvelo KZN Wildlife, P.O. Box 13069, Cascades 3202, South Africa, Tel. 0027-33-8451000, Fax 0027-33-8451001, www.kznwildlife.com; Informationen zu den Schutzgebieten und deren Einrichtungen.
Thompsons Touring & Safaris, P.O. Box 83, St. Lucia 3936, South Africa. Tel. 0027-31-2753500, Fax 0027-31-2753990, www.thompsonsafrica.com; Privater Anbieter diverser Aktivitäten und Touren im St. Lucia-Wetland-Park.

Küstenträume vom Allerfeinsten
Zwischen West und East Coast

Schier endlos erstrecken sich von Kapstadt aus malerische Küstenlandschaften mit Bergen, Buchten und feinsandigen Stränden nach Westen und Osten. Die beliebteste ist Südafrikas legendäre »Garden Route«, für deren einzigartige, anmeldepflichtige Wanderungen Naturliebhaber lange Wartezeiten in Kauf nehmen.

An der West Coast ziehen pittoreske Hafenstädtchen wie Lambert's Bay, Paternoster und Yzerfontein mit ihren putzigen Fischerhäusern wohlhabende Kapstädter an, die sich die verträumte Seaside-Atmosphäre gerne mit eigenen Wochenendhäuschen sichern. Langustenfischer versorgen mit ihrem Fang die Speisekarten feiner Gourmet-Tempel, die auf die zahlungskräftige Kundschaft aus Kapstadt rechnen, und täglich wird der Fisch direkt von der Mole weg an die Frutti-di-Mare-Klientel aus der Großstadt verkauft. Die größte Attraktion der Westküste ist der West-Coast-Nationalpark, gleich nebenan. Seine Langebaan-Lagune, eine wunderschöne Naturschutz-Perle, verbindet weitläufige Salzmarschen, Schlick- und Schilfflächen aufs Wildromantischste mit der Kaptypischen Fynbos-Vegetation des Sandvelds, und bietet ideale Lebensbedingungen für eine reichhaltige Vogelwelt. Massen von Kaptölpeln, Kormoranen, Brillenpinguinen sowie Flamingos, von denen sich in den Feuchtgebieten manchmal bis zu 100 000 auf einen Schlag zur Brut einfinden, faszinieren Ornithologen und Naturfreunde aus aller Welt. Über 250 heimische Vogelarten lassen sich auflisten, dazu kommen im südafrikanischen Sommer noch Schwärme an Zugvögeln, die beim Anflug zuweilen den Himmel verdunkeln. Wird es in der Langebaan-Lagune zu eng, helfen die Inseln Jutten, Malgas, Marcus und Schaapen Island in der benachbarten Saldanha Bay als zusätzliche Brutgebiete aus. Am besten lässt sich das Theatrium der Vogelwelt per Boot erkunden. Wer am Felseiland Malgas vorbeituckert, hört das ohrenbetäubende Konzert von 50 000 Kaptölpeln. Natürlich existieren im Nationalpark auch südafrikanische Huftiere. Allerdings werden die vom vielen Federvieh hoffnungslos untergebuttert. Eine knappe Autostunde östlich von hier findet zwischen Clanwilliam und Citrusdal die Bergwelt statt, mit sprudelnden Wasserfällen, glasklaren Flüssen und dicht bewachsenen Berghängen. Das Obststädt-

1 Südlicher Glattwal in der Walker Bay. **2** Der blühende Kaktus ... **3** ... und dieser Traumstrand bei Hermanus sind nur ein Teil der maritimen Welten des Western Cape. **4** Wale sind sogar vom Badezimmer der Grootbos Forest Lodge auszumachen, wenn sie ihre Fontänen in die Luft blasen.

1 *Outdoor dining* ist das kulinarische Thema der Edel-Lodge Bushman's Kloof in den Cederberg Mountains. 2 *Boma* in Bushman's Kloof. 3 Seelöwen tummeln sich auf Dyer Island.

chen Clanwilliam, im Flusstal des Olifants River gelegen, ist für seinen Rooibos-Tee bekannt und wartet mit seiner Cederberg Wilderness auf. Der mächtigste der Cederberg Mountains, der über 2000 Meter hohe Sneeuberg, zeigt sich im Winter oft schneebedeckt, herrliche Wanderwege führen durch stattliche Zedernwälder, deren Clanwilliam-Zedern der Region ihren Namen geben: Im 71 000 Hektar großen Schutzgebiet sind Leoparden, Pavian, Fuchs, Wildkatze und Stachelschwein zu Hause, sowie ein Dutzend Schlangenarten, darunter Bergotter, Puffotter und eine schwarze, Gift spuckende Kobra.

Grootbos

Anderthalb Stunden östlich von Kapstadt liegt zwischen dem Nobelbadeort Hermanus und dem rustikalen Fischerdörfchen Gansbaai ein Naturreservat erster Güte. Verträumt in den sanften Hügeln des Swartkransberg, mit Blick auf die Walker Bay. Highlights der exklusiven und vielfach ausgezeichneten Bio-Lodge sind nicht nur Reitexkursionen durchs blühende Heideland oder seltene Froscharten. Von Menschen und Mäusen handelt die Grootbos-Geschichte, von Fynbos, Milkwood und Ameisen, von Asche und Erika. Unter heimeligen Reetdächern wird hier über Flora en miniature gefachsimpelt, Leucospermum oder Protea obtusifolia sind feste Größen in einem Umfeld, das an die Wattlandschaften bei Keitum erinnert. Wobei sich Sylter Impressionen ganz von

selbst ergeben: Der Blick vom friesisch anmutenden Grootbos geht über weitläufige Sanddünengebiete, in denen hartnäckig der Strandhafer kämpft, und auf unablässig anrollende Wellenberge, die sich an feinsandigen Stränden der Walker Bay kleinlaufen. So weit das Auge reicht, blüht eine wildromantische Heide-Vegetation, deren Farbmischung von 35 verschiedenen Arten Erika bestimmt wird. Das hört sich noch nicht wirklich spannend an. Aber ein Dutzend Leica-Teleskope verraten, was vor der Haustür passiert: Auf Grootbos lassen sich Wale bequem von der Bar aus beobachten, hier tummeln sich große Herden südlicher Glattwale. Und ein Stück weiter draußen, auf Dyer Island, bis zu 6000 Pinguine. Die Nachbarinsel Geyser Island, ein blanker, meerumtoster Felsklotz, bevölkern 60 000 Seehunde. Tonnenschwere, bis zu sechs Meter lange Weiße Haie, deren Faszination groß genug ist,

dass in den nahen Küstenortschaften Gansbaai und Kleinbaai acht Unternehmen mit *shark watching* beschäftigt sind, durchpflügen den Inselkanal dazwischen. »Life-Changing Experience« nennen es die einen, »The Jaws of Life« die anderen: das Abtauchen im Käfig, mit dem Versprechen einer 80-prozentigen Chance, den großen Weißen Hai in greifbarer Distanz zu Gesicht zu bekommen. Auf Grootbos müssen Neuankömmlinge aber erst mal in die Welt der kleinblättrigen Mini-Sträucher, des Fynbos, einsteigen. So heißt der bedeutendste Bestandteil des vielfältigen Blumenreiches in der Kap-Region. Natürlich wachsen auch größere Büsche (Grootbos), und mit den bis zu 1000 Jahre alten Milkwood Trees sogar richtige Bäume. Die seltene Spezies (Sideroxylon inerme) hat sich auf Grootbos zum größten Milkwood-Wald Afrikas versammelt. Die ungewöhnlich intensive Kap-Flora wuchert hier mit Tausenden von

1 Blick von der Grootbos Garden Lodge. 2 Modern Design: Schlafzimmer in der Grootbos Forest Lodge. 3 *Fynbos* heißt hier die sehr spezielle Kap-Flora. 4 Die Grootbos Garden Lodge lockt mit einem nordfriesisch-herben Ambiente. 5 Die Forest Lodge besticht mit einer durchlässigen Glas- und Holz-Architektur.

Arten auf kleinsten Arealen, teils nur Quadratkilometer groß. Aufgrund von Mikroklimaten kann das Sortiment aber schon in der nächsten Bucht ganz anders sein. Für Blumenfreunde ist das ein Dorado: Anbeter von Erika finden von weltweit 735 Arten allein 600 am Kap. Pflanzenmäßig konnte er früher gerade mal einen Blumenstrauß identifizieren, gibt Grootbos-Chef Michael Lutzeyer zu, der zusammen mit Bruder Tertius, den beiden Ehefrauen Dorothee (aus Lüneburg) und Gabi (aus Nassau) das Naturreservat aufgebaut hat. Heute sind hier studierte Botaniker beschäftigt, die auf dem 18 Quadratkilometer großen Gelände (die Fläche von Amrum) die gesamte Flora katalogisiert haben. Aus aller Welt gaben sich hier schon Experten in Sachen Kap-Flora ein Stelldichein. Im Gefolge: Fotoshootings und Fernsehteams, ZDF, ARD, Vox-

Tours, Daimler-Chrysler, Volvo, GEO und so fort, und VIPs aus Showbizz, Politik und Business drängen sich zahlreich im Gästebuch. Dabei fing alles einmal ganz harmlos an. Mit einem kleinen Feriengrundstück, bis die Idee eines Naturreservats geboren war. Zur Finanzierung weiterer Grundstücksaufkäufe musste Dorothee ihr Cafe Glockenhof in Lüneburg verkaufen, dann Gabi ihr Cafe Bressler in Nassau. Kurios an der Grootbos-Geschichte ist: Mit der Fynbos-Vegetation geht es erst richtig los, wenn sie brennt. Denn erst nach einem Brand öffnen sich die Früchte der Pflanzen im Erdreich und treiben dann einen noch dichteren und wilderen Bewuchs hervor – ein Evolutionsbeispiel aus Gebieten, wo sonst die Vegetation nach Buschfeuern aussterben würde. Ohne flammende Erhitzung also keine Reproduktion! Wärme ist auch bei den bis zu 60 Tonnen schweren und 15 Meter langen Säugern ein Thema, die aus fernen arktischen Gewässern anreisen, um ihre Jungen in den warmen Buchten an Südafrikas Südspitze zur Welt zu bringen. »An die 260 Jungwale haben wir hier jedes Jahr«, erzählt der Experte Wilfred Chivell von Dyer Island Cruises, »sodass sich die Walpopulation alle zehn Jahre verdoppelt.« Auf gut

150 Tiere kommen Zählungen per Hubschrauber manchmal an einem Tag. Nur zehn Prozent aller Whale-Watch-Besucher steigen ins Boot. Manche dafür ins Flugzeug. Die meisten erleben das Spektakel von Land aus, weshalb es im nahen Hermanus nicht nur ein Walbeobachtungszentrum gibt, sondern auch den kuriosesten Walausrufer der Welt. Der laut ins Horn bläst, was voll belegte Strand- und Kaffeehausterrassen auf einen Schlag leeren kann. Schließlich gehört es zu den ganz besonders erhebenden Momenten, wenn bis zu 18 Meter lange Glattwale auftauchen, um hernach mit hocherhobenen Schwanzflossen wie in Zeitlupe in die Tiefe zu rauschen. Dann kann es passieren, dass erschreckte Kormorane aufflattern (bis zu 100 000 auf einen Schlag wurden schon gezählt!) und sich der Himmel für einen Moment verdunkelt. Und das »Kap der Guten Hoffnung« am Horizont nicht mehr zu erkennen ist. Das eigentliche Kap, »The Southernmost Point«, das Cape Agulhas, liegt anderthalb Fahrstunden ostwärts von Grootbos, und trennt den Atlantischen vom Indischen Ozean. 1488 wurde »Cabo das Agulhas« von Bartolomeu Diaz umsegelt, der die für Seefahrer nicht ungefährliche Ecke das »Kap der Nadeln« nannte, wegen

zahlreicher Felsen und Riffe sowie unberechenbaren Strömungsverhältnissen. Der Felsklotz wird vom Ozean derart heftig umtost, dass er 1848 einen rot-weiß geringelten Leuchtturm bekam.

Garden-Route-Nationalpark

In Mossel Bay beginnt die Garden Route, eine der wichtigsten touristischen Regionen Südafrikas. Zusammen mit den bereits bestehenden Schutzgebieten Tsitsikamma, Wilderness und dem Knysna National Lake Area kommt der gerade neu proklamierte Garden-Route-Nationalpark auf 120 000 Hektar. Über Hunderte Kilometer zieht sich die legendäre Sightseeing-Route an der Küste entlang bis nach Port Elizabeth. Einer der schönsten Abschnitte dieses *most spectacular landscape* durchquert der Outeniqua Choo-Tjoe, ein alter Dampfzug, der durch herrliche Landschaftsszenarien aus Wäldern, Seen und Flüssen schnauft. Die Schönheit des Strandörtchens Wilderness ist nicht von dieser Welt. Lange Zeit waren die umliegenden Naturparadiese aus Lagunen, Sanddünen und Bergketten verschwiegen und nur Künstlern, Anglern und anderen

1 Picknick am Outeniqua Pass bei George. **2** Promenade von Knsyna, Garden Route. **3** Abendliches Lagerfeuer in der Hog Hollow Country Lodge bei Plettenberg. **4** Die Bloukrans Bridge über den Storms River ist der Traum aller Bungeespringer.

stilsicheren Individualisten bekannt, die hier ihre Wohn- und Weekend-Quartiere aufschlugen. Glücklicherweise wurde durch die Einrichtung des Wilderness-Nationalpark die Region vor weiterem Zuzug und der damit einhergehenden Zerstörung geschützt. Naturfreunde, die sich in dieser verträumten Strandenklave einmieten, werden die sehr besondere Landschaftsromantik lieben wie auch den sieben Kilometer langen Pied Kingfisher Trail. Beliebte Wander-Tracks führen durch das Goukamma Nature Reserve, einem weitläufigen Küstenschutzgebiet zwischen Wilderness und Buffels Bay. Um die nächste Kurve wartet das Küstenstädtchen Knysna an seiner Lagune, und sorgt mit einer Miniaturausgabe der Kapstädter Waterfront dafür, dass die Wilderness nicht allzu einsam daherkommt – mit Cafés, Restaurants und Bars und ankernden Segeljachten vor der Promenade. Jenseits der Urlaubshochburg Pletten-

berg findet mit dem Tsitsikamma-Nationalpark die letzte Station der Garden Route statt. Und eine der grandiosesten: Dort zeigt Afrikas erster Meeresnaturschutzpark selten gewordene Wasserlandschaften mit wildromantischen Flussläufen, weiten Dünengebieten, Süßwasserseen, herrlichen Sandstränden und brandungsumtosten Klippen. In der Mündung des Storms River finden Schwimmer und Schnorchler ihr Paradies, und sogar Korallenriffe lassen sich hier bewundern.

Auf Wanderfreunde wartet im Tsitsikamma-Nationalpark ein mehrtägiger Track mit zünftigen Übernachtungen in Hütten und Camps. Natürlich lässt es sich auch auf eigene Faust losziehen, durch die wilde Ursprünglichkeit des Tsitsikamma Forest, der mit 43 000 Hektar der größte zusammenhängende Urwald Südafrikas ist. Dort finden, wie die Einheimischen versichern, *the finest walks in the world* statt, auf dem Otter Trail und dem Elephant Walk. En route gibt es reichlich Outeniqua Yellowwood zu bestaunen, bis zu 50 Meter hohe Baumriesen, mit Durchmessern von über drei Metern. Manche dieser Kunstwerke werden bis zu 800 Jahre alt. *The big tree*, der größte unter den ganz Großen, bringt eine Kronenspannweite von über 30 Metern ins *Guinness Buch der Rekorde*.

Zeit für
West und East Coast

Anreise/Lage

Rundreise Auto: Die Westküstenregion ist über die R 27 zu erreichen, Hermanus und Grootbos (die 160 km von Kapstadt dauern je nach Verkehrsdichte über 2 Stunden) sowie die sich anschließende Garden Route auf der N 2.

Beste Reisezeit

Blütezeit der Kap-typischen Fynbos-Vegetation August bis Oktober, Walbeobachtung Juli bis Dezember.

Sehen und erleben

Geführte Wanderungen durch das Biosphärenreservat und Kennenlernen seltener Flora und Fauna; Walbeobachtung in Gaansbai von der Küstenstraße aus oder per Whale-Watch-Bootstour (www.whalewatchsouthafrica.com) bis zu den Dyer Islands hinaus. Für Mutige: Abtauchen im Shark-Cage (www.sharkwatchsouthafrica.com). Rundflüge African Wings, P.O. Box 215, 7200 Hermanus, Tel./Fax 0027-28-3122701, www.africanwings.co.za, safari@africanwings.co.za

Unterkunft

Grootbos Garden Lodge (im nordfriesischen Reetdach-Design) und **Grootbos Forest Lodge** (offene, moderne Bauweise) mit 10 bzw. 16 großzügigen Luxus Suiten, sowie Honeymoonsuiten in der Forest Lodge mit privatem Pool. Grootbos, P.O. Box 148, Gaansbai 7220, South Africa, Tel. 0027-28-3848000, Fax 0027-28-3848042, www.grootbos.co.za, info@grootbos.com.za
Bushmans Kloof Wilderness Reserve & Wellness Retreat in den Cederberg Mountains, mit nur 13 Zimmern und drei luxuriösen Suiten sowie vier Kilometer abseits vom Hauptgebäude die **Koro Lodge,** ein ehemaliges Farmhaus, das zu einer kleinen, abgeschiedenen Villa neu konzipiert wurde: P.O. Box 267, Clanwilliam 8135, Western Cape, South Africa, Tel. 0027-27-4828200, Fax 0027-27-4821011, www.bushmanskloof.co.za, lodge@bushmanskloof.co.za

Aktivitäten

Wanderungen im Naturreservat Grootbos mit ausgebildeten Botanikern, auch im Geländewagen oder zu Pferd. Pools mit Blick auf die Walker Bay, eigener Reitstall mit über 20 Pferden, Wandertouren, Mountainbiking sowie Badeausflüge zu den schönsten Sandstränden der Umgebung. Die Cederberg Wilderness wartet mit Mountainbiken, Klettern, Bogenschießen, Kanufahren (den Olifants River hinunter), Fliegenfischen und Vogelbeobachtungen auf. Ein Ausflug zu den Rebgärten entlang der Olifants-Weinroute ist empfehlenswert, weil die wegen ihrer ausgezeichneten Rebsaftprodukte äußerst beliebt ist. Die traumhaften Wander-Tracks an der Garden Route sind für Naturfreunde ein Hochgenuss.

Information

South African Tourism, Friedensstr. 6–10, 60311 Frankfurt, Tel. 069-9291290, Fax 280950, Informationsmaterial: 01805-722255 (0,12 €/Min.), www.southafricantourism.de sowie www.sanparks.org, info.de@southafrica.net

Heimat der big seven
Addo-Nationalpark: Zitrusplantagen und Dünenstrand

Der Addo-Elephant-Nationalpark nahe Port Elizabeth bietet weit mehr als Elefanten. Besucher haben hier die Chance, die *big seven* in einem einzigen Schutzgebiet zu beobachten – und dazu eine Vielfalt an unterschiedlichen Landschaften zu entdecken.

Jenseits der weiten, wilden und nahezu menschenleeren Großen Karoo erscheint das Tal des Sundays River wie eine Oase der Zivilisation. Riesige Zitrusfrüchtefarmen erstrecken sich links und rechts der Straße, alle paar Meter weisen Schilder zu B&Bs, Lodges und Caravanplätzen. Entlang der grünen Hügelkette der Zuurberg Mountains nähern wir uns dem Haupteingang zum Addo-Elephant-Nationalpark, etwa 70 Kilometer nördlich von Port Elizabeth. Im Main Camp fühlen wir uns fast wie im Krüger-Nationalpark: Das riesige Gelände bietet Platz für alle Arten an Unterkünften, Pool, Tankstelle, Parkbüro und Restaurant, einen versteckten Beobachtungsposten zum beleuchteten Wasserloch und nicht zuletzt den perfekt ausgestatteten Souvenirshop. Die 160 000 in- und ausländischen Touristen, die jährlich in den Park strömen, wollen schließlich versorgt werden. Tatsächlich gilt der Addo-Elephant-Park neben dem Chobe-Nationalpark in Botswana als die beste Adresse im südlichen Afrika, um die Dickhäuter zu beobachten. Und wer mehr als die *main game area* besucht, kann noch viel mehr entdecken. Die verschiedenen Parkteile Darlington, Kabouga, Zuurberg Section, Main Game Area sowie Colchester und Woody Cape Section an der Küste umfassen fünf von sieben Ökozonen (Biomen) Südafrikas. Den größten Teil des Parks nimmt subtropisches Buschland ein, darauf folgen Wald, Nama Karoo auf den nördlichen Plateaus, Grasland und Fynbos an den Hängen der Zuurberg Mountains – jeweils Lebensräume für eine charakteristische Flora und Fauna. Kaum ein anderer afrikanischer Nationalpark bietet so viele Landschaftsformen und kein anderer darf damit werben, die *big seven* in einem einzigen Schutzgebiet zu vereinen: Neben Löwen, Leoparden, Elefanten, Büffeln und Spitzmaulnashörnern an Land tummeln sich im Indischen Ozean auch noch Weiße Haie und Südliche Glattwale.

Der Schlagbaum öffnet sich, und auf makelloser Teerstraße rollen wir vom Main Camp in den Park. Schon nach wenigen Metern verdeutlichen kuriose Schilder, welches Tier nach dem Elefanten hier

1 Bei einer Night Safari lassen sich nachtaktive Tiere beobachten. **2** Im Addo-Nationalpark leben 250 Vogelarten. **3** Im Gorah Elephant Camp genießt man den perfekten Service ... **4** ... und kann die Tiere direkt vor der Haustür beobachten.

die zweitwichtigste Rolle spielt: der flügellose Mistkäfer *(Circellium bacchus)*. Rote Warndreiecke mit pillendrehenden Käfern sollen Besucher daran hindern, auf der Straße liegende Misthaufen und darin werkelnde Insekten zu überfahren. Aber was ist an diesen Mistkäfern so besonders? Von dieser wegen ihrer torkelnden Gangart nach dem griechischen Weingott Bacchus benannten endemischen Käferart mit verkümmerten Flügeln blieben nur noch wenige Populationen in Eastern Cape erhalten. Sie übernehmen eine ökologisch wichtige Funktion bei der Kompostierung und werden nicht nur durch Autoreifen sondern auch durch Fressfeinde bedroht. Außer den Dung Beetles kreuzen auch hübsche Pantherschildkröten den Weg – belohnt wird, wer neben den *big seven* ein Auge auf die kleinen Stars des Parks wirft.

Die Straße verläuft über sanft geschwungene Hügel mit niedriger, von Tierpfaden durchzogener Buschvegetation. Abenteuerfeeling kommt hier nicht auf – vielmehr das Gefühl eines Sonntagsausflugs in den Tierpark, mit Bahnlinie, Strommasten und Farmhäusern der Umgebung im Blick. Wenige Farbtupfer erfrischen die Landschaft: gelb blühende Dornbüsche mit zentimeterlangen Dornen und pinke Blütendolden des charakteristischen Speckbaums. Der Sukkulent rangiert als Delikatesse unter den Pflanzenfressern im Park. Er speichert Wasser in Stamm und Blättern, hat einen hohen Proteingehalt und überlebt den starken Abbiss nur dank seiner Fähigkeit, schnell wieder auszutreiben. Warzenschweine grasen auf einer Wiese mit weißen Blümchen und eine Herde dickbäuchiger Kapbüffel mit flauschiger Behaarung starrt in unserer Richtung. Die Kuhantilopen mit ihren langen Gesichtern und kurzen krummen Hörnern flüchten selbst dann nicht, wenn unser Auto unmittelbar neben ihnen steht. An einem der künstlichen Wasserlöcher sichten wir dann die obligatorische Elefantenherde beim Trinken. Fast lautlos verschwinden die von der Erde braunrot gefärbten Riesen nach nur wenigen Minuten wieder im Busch. Die Geschichte der Elefanten im Addo-Park ist eine Erfolgsstory. Schon um 1900 hatte die Elfenbeinjagd die Elefantenpopulation auf 140 Tiere dezimiert. Löwen und Spitzmaulnashörner waren bereits ausgerottet. Auf Druck der Farmer, deren Felder von Elefanten zerstört wurden und die mit den Tieren im Nutzungskonflikt um Wasser standen, machte sich 1919 Major PJ Pretorius daran, auch den letzten Rest zu erschießen. Bei der Proklamierung des Addo-Parks 1931 lebten nur noch elf Elefanten in der Region – erstes Ziel des Schutzgebietes war es damals, die Eastern-Cape-Elefanten vor dem Aussterben zu bewahren. Inzwischen ziehen

1 Afrikanische Büffel leben in großen Herden zusammen. **2** Jedes der elf Safari-Zelte im Gorah Elephant Camp versprüht kolonialen Flair. **3** Selten besucht, aber unbedingt sehenswert: die Dünenstrände am Küstenabschnitt des Addo-Elephant-Parks. **4** Afrikanische Pinguine leben auf den vorgelagerten Inseln.

Einen Fehler der frühen Jahre bekommen Parkbesucher in Form eines Zitrusfrüchte-Verbots noch heute zu spüren. 1933 begann man in einem begrenzten Areal mit der Fütterung der Elefanten mit Orangen, Kürbissen und Ananas, um die Tiere innerhalb der Parkgrenzen zu halten. Auch nach der Umzäunung ab Mitte der 1950er-Jahre setzte man die Fütterung mit tonnenweise Orangen der umliegenden Farmen fort – mit der Folge, dass die Elefanten das Fütterungsareal nicht mehr verließen, die dortige Vegetation zerstörten und in ständiger Futterkonkurrenz immer mehr Anzeichen von Aggressivität und Stress zeigten. 1979 wurde diese Praxis gestoppt und die Einfuhr von Zitrusfrüchten in den Park verboten, wohl aus Angst, Touristen könnten von gierigen Elefanten angegriffen werden ...

Angesichts der großen Elefantenpopulation hat sich das Ziel des Parks verlagert auf den Schutz der Vegetationszonen mit ihrer gesamten Artenvielfalt. Ursprünglich in der Region heimische

wieder mehr als 450 graue Riesen durch den Park. Viele davon sind Nachkommen des legendären dominanten Bullen Hapoor, der zwischen 1944 und 1968 fast allen Nachwuchs im Park zeugte, bis er schließlich – von einem Rivalen besiegt und offenbar frustriert – als einziger Elefant in der Geschichte des Nationalparks den Zaun durchbrach und floh.

1 Das auf einer Zitrusfarm gelegene Woodall Country House umgibt ein wunderschöner Rosengarten. **2** und **3** Jedes der luxuriösen Zimmer und Suiten des Boutique-Hotels hat ein individuelles Design. **4** Moskitonetze über dem Bett schützen nicht nur vor lästigen Stichen, sondern sorgen auch für einen romantischen Touch.

Arten wurden wieder eingeführt, darunter Burchell- und Cape-Mount-Zebras, Spitzmaulnashörner, Hippos, Elands, Büffel, Tüpfelhyänen und Löwen (erst 2003). Zudem arbeitet SAN-Parks (südafrikanische Parkverwaltung) mit Unterstützung der Weltbank und privater Förderer im »greater Addo Elephant National Park Project« (gAENP) massiv an der Erweiterung der Parkgrenzen. Im Rahmen dieses Projekts wurden bereits die immergrünen Urwälder und Küstendünen bei Alexandria sowie der vorgelagerte marine Lebensraum im Indischen Ozean mit den St. Croix und Bird Islands in das Schutzgebiet miteinbezogen.

Quer durch die Main Game Area fahren wir südlich durch teils lichten Busch. Östlich von uns erstreckt sich das Konzessionsgebiet des altehrwürdigen Gorah Elephant Camps mit luxuriösen Safari-Zelten im kolonialen Stil des 19. Jahrhunderts. Über die Southern Access Road erreichen wir die Colchester Section des Parks und

die Vegetation ändert sich abrupt. Flammend rot blühende Korallenaloe, meterhohe, weitverzweigte River Euphorbia und die einst aus Mexiko eingeführten Feigenkakteen bestimmten die Landschaft. Über offenes, hügeliges Grasland führt die Piste bergauf und bergab. Plötzlich – unerwartet spektakulär – erscheint der Indische Ozean am Horizont, begrenzt von einem hellen Streifen, den Küstendünen. Wir erreichen Colchester, dessen Backsteinhäuschen zwischen den bewachsenen Dünen und der verkehrsreichen N2 verstreut liegen. Dort biegen wir nach Alexandria zur Woody Cape Section des Parks ab.

Die zuständige Game Ranger Station liegt abseits jeden Rummels zwischen Farmland – kein Restaurant, kein Shop, kein anderer Tourist in Sicht. Die freundliche Rangerin drückt uns einen farbigen Übersichtsplan mit Informationen über den Alexandria-Trail in die Hand. Dieser zweitägige Wanderweg führt durch den immergrünen Alexandria Forest bis zum Meer, durch dichten Urwald mit Bartflechten, Lianen und Schmarotzern, die auf den gewaltigen Yellowwood-Bäumen wachsen.

Zwischen Alexandria Forest und der Küste unterbricht noch einmal Farmland das Schutzgebiet: Saftig-grüne Kuhwiesen grenzen

Zeit für Addo-Nationalpark

Anreise/Lage

Der Addo-Elephant-Park besteht aus mehreren Abschnitten im nördlichen Hinterland sowie an der Küste östlich von Port Elizabeth.
Flug: Mit South African Airways, Emirates u.a. nach Kapstadt oder Port Elizabeth.
Straße: Von Kapstadt erreicht man auf der N2 entlang der Küste Port Elizabeth (ca. 800 km). Der Eingang zum **Main Camp** des Parks beim Ort Addo befindet sich 72 km nördlich von Port Elizabeth.

Beste Reisezeit

Ganzjährig, die meisten Regenfälle im Oktober/November sowie Februar/März, heißester Monat ist der Januar.

Sehen und erleben

Der Park vereint **fünf verschiedene Ökozonen** von Fynbos, Gras- und Buschland bis zum marinen Lebensraum im Indischen Ozean

mit einer einzigartigen Vielfalt an Pflanzen und Tieren, darunter die **Big Seven.**

Unterkunft

Woodall Country House, Jan Smuts Avenue, Addo, South Africa, Tel. 0027-42-2330128, Fax 0027-42-2330510, www.woodall-addo.co.za, info@woodall-addo.co.za; Herrliches Gelände auf einer Zitrusplantage, mit Spa-Bereich und hervorragendem Essen, ca. 9 km bis zum Haupteingang des Parks.
Gorah Elephant Camp, in der **Main Game Area** im Park, Tel. 0027-44-5011111, Fax 0027-44-5011100, South Africa, www.gorah.com, res@hunterhotels.com; Luxus-Safari-Zelt 250 bis 450 €/Pers.

Eintrittspreise

Erwachsene 100 Rand/Tag.

Aktivitäten

Tierbeobachtungsfahrten in den verschiedenen Parkteilen.
Tageswanderungen und mehrtägiges Zuurberg- und Alexandria-Trekking durch Berg- und Buschlandschaft, tropischen Wald und entlang des Indischen Ozeans.
Ausritte in der Main-Game- und Zuurberg-Sektion des Parks.
4x4 Trail für Offroad-Begeisterte.
Walbeobachtungsfahrten ab Port Elizabeth (www.raggycharters.co.za).
Ausritte auf Elefanten (www.addoelephantbacksafaris.co.za).

Information

Addo-Elephant-Nationalpark, Tel. 0027-42-2338600, www.addoelephantpark.com

---

an die höchsten Küstendünen der südlichen Hemisphäre, die in einen kilometerlangen einsamen Sandstrand übergehen. Wir fühlen uns fast wie in der Sahara, als wir Düne um Düne erklimmen und barfuß die Steilhänge hinunterhüpfen. In der Ferne zeichnen sich die Umrisse von St. Croix Island im tiefblauen Ozean ab. Die vorgelagerten Inseln und das marine Reservat bieten geschützten Lebensraum für Tausende Pinguine, Kaptölpel, Meerschwalben, Seehunde, Buckeldelfine und Große Tümmler. Zwischen Juli und November halten sich auch Südliche Glattwale im warmen Agulhas-Strom auf. Einem verirrten Vertreter der 60 000 Tiere umfassenden Pinguinkolonie auf St. Croix Island begegnen wir am Strand: Ein Babypinguin sitzt bewegungslos im weißen Sand und blickt uns mit großen, schwarzen Augen Hilfe suchend an.
Stundenlang spazieren wir den Strand entlang, links das Meer, rechts die Dünen, dahinter grüne Kuhwiesen und tropischer Wald. Uns begleiten Möwen und Schwarze Austernfischer, die in den Wellen nach Beute suchen. Erst beim steilen Kliff, oberhalb dessen der Alexandria-Trail zur Woody-Cape-Hütte führt, kehren wir schließlich um und marschieren im warmen Licht der untergehenden Sonne wieder zurück.

Afrikas grenzenloser Park
Krüger-Nationalpark und Sabi Sand Private Reserve

Der Krüger-Nationalpark ist sicher der meistbesuchte und bekannteste Park Afrikas. Mit dem Projekt Great-Limpopo-Transfrontier-Park entstand ein Schutzgebiet mit einer unglaublichen Tier-, Pflanzen- und Landschaftsvielfalt, das sich über die südafrikanische Grenze hinweg bis nach Simbabwe und Mosambik erstreckt. Das private Wildreservat Sabi Sand, das westlich an den Krüger-Park angrenzt, bietet beste Chancen, Wildhunde und Leoparden zu beobachten.

Beim Empfang im Kirkman's Kamp im Sabi-Sand-Reservat fühlen wir uns in ein anderes Zeitalter versetzt: Jagdtrophäen an den Wänden, weiße Polstersofas um den offenen Kamin, eine mit Whiskey gefüllte Kristallkaraffe und antike Accessoires für die Großwildjagd in einer Vitrine. Von der Veranda des historischen Farmhauses aus den 1920er-Jahren fällt der Blick über den englischen Rasen auf den Sand River. Afternoon Tea und Dinner werden von einem persönlichen Butler im Garten serviert. Nach dem abendlichen *game drive* beleuchten Petroleumlampen das Gelände, in dem Cottage sind die Kerzen angezündet und das Badewannenwasser eingelassen – wer koloniales Flair und perfekten Service liebt, ist hier richtig.

Das private Wildreservat Sabi Sand – das älteste in Südafrika – grenzt im Westen an den Krüger-Nationalpark. Das 65 000 Hektar große Schutzgebiet ist u.a. Heimat der *big five,* die sich seit 1993 wieder ungehindert durch einen Zaun zwischen dem Krüger-Park und dem Reservat bewegen können.

Beim nachmittäglichen *game drive* beobachten wir u. a. Breitmaulnashörner und Nyalas, bevor wir auf einem exponierten Felsen mit Blick auf den Sabi River den obligatorischen Sundowner genießen. Ein Elefantenbulle zieht am Fluss vorbei, während sich die Wolken über dem Himmel rot verfärben. Nach Sonnenuntergang knipst der Tracker seinen Handschweinwerfer an, und wir halten Ausschau nach nachtaktiven Tieren. Auf seinem Sitz auf der Motorhaube entgeht ihm nicht einmal ein nur daumengroßes Chamäleon auf einem Ast. Plötzlich erspäht er ein leuchtendes Augenpaar in der Dunkelheit – ein Leopard. Das majestätische Tier stolziert mit wiegenden Schritten unmittelbar an unserem Auto vorbei. Nicht weniger aufregend verläuft der *morning drive* am nächsten Tag:

1 Vor der Night Safari gibt es noch einen kleinen Drink in Sabi Sands.
2 Paul Kruger war von 1882 bis 1902 Präsident der südafrikanischen Republik. **3** Der Glanzstar macht seinem Namen alle Ehre. **4** Mopane ist die Leibspeise der 15 000 im Krüger-Park lebenden Elefanten.

1

Wir folgen einem Rudel von etwa zehn Wildhunden querfeldein durch den Busch. Die Beobachtung der seltenen und stark gefährdeten Wildhunde *(lycaon pictus)* gehört zu den exklusivsten Safari-Erlebnissen. Mit ihrem hellbraun, schwarz und rötlich gechecktem Fell, dem weißen, zotteligen Schwanz und den großen, kreisrunden Ohren wirken die Wildhunde wie eine Mischung aus Hund und Hyäne. Wir folgen ihnen bis zu einer Stelle im Dornbusch, wo sie beginnen, die letzten Fleischreste von einem Impala-Kadaver abzukauen.

Nach den aufregenden Tiererlebnissen im Sabi-Sand-Reservat setzen wir unsere Safari im benachbarten Krüger-Nationalpark fort. Als Paul Kruger, Präsident der damaligen Burenrepublik, das Gebiet 1898 als Sabie Game Reserve unter Schutz stellte, war dieses fast tierleer. Seine Motivation zur Gründung des Reservats war in erster Linie die Sicherung des Tierbestandes für die Großwildjagd. 1926 erhielt das Gebiet den Status eines Nationalparks.

Der heutige Krüger-Nationalpark im südafrikanischen Lowveld, zwischen den nördlichen Abbrüchen der Drakensberge und der mosambikanischen Küstenebene, ist mit 20 000 Quadratkilometern Ausdehnung eines der größten Wildschutzgebiete der Welt. Will man den Park vom Crocodile River im Süden bis zum Limpopo im Norden mit dem Fahrzeug durchqueren, so muss man etwa 450 Kilometer zurücklegen. Mit mehr als 1,5 Millionen Besuchern jährlich ist der Krüger-Nationalpark außerdem das meistbesuchte Schutzgebiet Afrikas. Nicht zu Unrecht, denn neben seiner landschaftlichen Vielfalt mit sieben unterschiedlichen Ökozonen, hat er eine beachtliche Population der *big five* mit guten Chancen zur Raubtiersichtung, aber auch seltene Antilopenarten wie Rappen-, Kuh- und Pferde- und Halbmondantilopen zu bieten. Mit der Gründung des Great-Limpopo-Transfrontier-Parks (GLTP) wird der Lebensraum für die Wildtiere sogar noch vergrößert. Im Jahr 2002 unterzeichneten die Präsidenten Südafrikas, Mosambiks und Simbabwes einen Vertrag, nach dem der Krüger-Park über die östlichen Lebombo Hills hinaus mit dem mosambikanischen Limpopo-Nationalpark und im Norden mit Simbabwes Gonarezhou-Nationalpark zu einem 35 000 Quadratkilometer großen, grenzenlosen Schutzgebiet verbunden werden soll. Der neu geschaffene Grenzübergang Giriyondo ermöglicht bereits einen leichten Zugang vom Krüger-Park zum Massingir-Stausee, dem zukünftigen touristischen Zentrum auf der mosambikanischen Seite des Parks. Von dort aus sind abenteuerliche Kanu-, 4x4- und Wandertouren in die unberührte und kaum besuchte Wildnis möglich. Mit der Einrich-

1 Impala-Böcke (Schwarzfersenantilopen) testen ihre Kräfte. 2 Vollgefressen schläft sich's am besten: Leoparden jagen nur nachts und schleppen ihre Beute in Baumwipfel. 3 Breitmaulnashörner *(white rhinos)* sind leichter zu sichten als Spitzmaulnashörner *(black rhinos)*, da sie sich zum Grasen im offenen Savannenland aufhalten.

tung des GLTP begann auch die größte Tierumsiedlung der Geschichte Afrikas. Tausende Tiere, darunter Giraffen und Elefanten, sollten per Lkw nach Mosambik verfrachtet werden. Inzwischen gilt die Aktion als gescheitert: Fast alle aufwendig mit Hubschraubern und Lkw umgesiedelten Elefanten wanderten wieder in ihre alte Heimat zurück.

Unsere erste Begegnung mit Wildtieren erleben wir schon, bevor wir überhaupt in den Park einfahren. An unserem Camp am Olifants River – nomen est omen – kommen nachts Elefanten zu Besuch, auch die Flusspferde lassen es sich nicht nehmen, zum Grasen aus dem Wasser zu steigen. Eine riesige Steinbüste von Paul Kruger begrüßt uns am gleichnamigen Eingangstor in den südlichen Krüger-Park. Die Teerstraße von dort nach Skukuza ist besser ausgebaut als die meisten Hauptverbindungsrouten in Ostafrika. Skukuza erinnert uns dann auch mehr an eine Kleinstadt mit jeglicher Infrastruktur – vom riesigen Souvenirshop bis hin zur Bibliothek und Post. Das größte Camp und Infozentrum im Park ist erster Anlaufpunkt für Touristen aus aller Welt. Besonders zur südafrikanischen Ferienzeit herrscht im südlichen Krüger-Park reger Touristenverkehr, so auch an der Hauptroute von Skukuza nach Lower Sabie, an der die Chancen auf Raubtiersichtungen (Hyänen,

1 Koloniales Ambiente in einem alten Farmhaus: Kirkman's Kamp im Sabi Sands Private Game Reserve. **2** Einer der *big five*: Der bis zu 700 kg schwere Afrikanische Büffel… **3** … sucht gerne Abkühlung im Wasser des breiten und flachen Shingwedzi River im Nord-Krüger. **4** Die Beobachtung der seltenen Afrikanischen Wildhunde *(lycaon pictus)* – wie hier im Sabi-Sand-Reservat – gehört zu den exklusivsten Safari-Erlebnissen.

Löwen, Leoparden) besonders gut stehen. Entlang des Sabie River führt die landschaftliche wunderschöne Strecke durch Dornbuschsavanne (Mixed Woodland) ins offene Grasland (Sweetveld Plains) des Südostens. Den Lower Sabie flankieren Leberwurstbäume und Schilfbänke, bei genauem Hinschauen entdecken wir Dutzende Krokodile im Wasser. Nahe des Camps Lower Sabie erscheint die Silhouette der Lebombo Hills am Horizont, die den Park im Osten gegen Mosambik abgrenzen. »Lower Sabie« gilt als einer der besten Tier- und Vogelbeobachtungsorte im Park.

Über die Staustufe des Lower-Sabie-Damm fahren wir in durch offenes Grasland in Richtung Norden. Aus Südamerika eingeschleppter Wassersalat überwuchert die Oberfläche des von Hügeln umrahmten Orpen-Damms. Vom schattigen Aussichtspunkt können wir Hippos beobachten. Die Camps Orpen, Satara und Letaba liegen bereits im zentralen Teil des Parks im Mopane-

Busch. Die bis zu vier bis fünf Meter hohen Mopane-Bäume haben charakteristische schmetterlingsförmige Blätter, die sich im Herbst bunt verfärben. Die Blätter, Wurzeln und Äste sind die Leibspeise von Elefanten, das Mopaneveld im Zentrum des Parks ist daher das Reich der Elefanten. Bis 1994 musste die stark anwachsende Elefantenpopulation im Krüger-Park sogar gezielt durch Abschüsse verkleinert werden. Das Elefantenmuseum im idyllisch an einer Schleife des Letaba River gelegenen Letaba Rest Camp informiert über die Biologie und die Evolution der Dickhäuter und erzählt auch die Geschichte der *magnificent seven*. Die mehr als 50 Kilogramm schweren und 250 Zentimeter langen Stoßzähne dieser *big tusker*, die in den 1980er-Jahren im Park lebten, sind im Museum ausgestellt.

An den breiten Sandbänken des Letaba River beobachten wir direkt vom Camp aus neben Elefanten auch Wasserböcke, Krokodile und diverse Vögel. Wie in den anderen großen Camps im Park steht eine perfekte Infrastruktur zur Verfügung: ein Shop, ein Restaurant mit Panoramaterrasse zum Fluss, ein Pool sowie riedgedeckte Rondavels und romantische Tented Camps unter mächtigen Akazien und Leadwood-Bäumen.

Jenseits von Letaba erstreckt sich schließlich der wilde Nordteil des Krüger-Nationalparks mit Mopane-Buschland und dem soge-

Zeit für Krüger-Park und Sabi Sands

Anreise/Lage

Flug: Mit South African Airways, Emirates u.a. nach Johannesburg. Von dort täglich Flüge zu den Flugplätzen von Phalaborwa, Hoedspruit, Kruger/Mpumalanga und MalaMala (Sabi-Sand-Reservat).
Auto: Teerstraße zu allen neun Krüger-Parktoren. Von Pholokwane ca. 200 km bis zum Phalaborwa und 295 km zum Orpen Gate, von Lydenburg ca. 130 km zum Kruger Gate, von Nelspruit ca. 70 km zum Malelane Gate. Von Nelspruit über Hazyview führt eine Straße zum Shaws Gate (Eingang Sabi-Sand-Reservat).

Beste Reisezeit

Die trockenen Monate zwischen Juli und September. Zwischen Oktober und März heiß und mehr Regen, die heißesten und feuchtesten Monate sind Dezember und Januar (Malariarisiko!).

Sehen und erleben

Der riesige Krüger-Park mit den **big five** bietet das ganze Spektrum an Afrika- und Tiererlebnis, ob im wilden Norden oder dem gut erschlossenen Süden. Im Sabi-Sand-Reservat genießt man die Exklusivität privater Pirschfahrten und luxuriöser Lodges.

Unterkunft

Kirkman's Kamp, im Sabi Sand Reserve, &Beyond Africa, Tel. 0027-11-8094300, Fax 0027-11-8094400, www.andbeyondafrica.com, info@andbeyond.de
Letaba Rest Camp, staatliches Camp im zentralen Krüger-Park, Tel. 0027-13-7356636. Reservierung über SAN-Parks, www.sanparks.org (s. Information)

Eintrittspreise

Krüger-Nationalpark: Erwachsene 160 Rand/Tag.

Aktivitäten

Pirschfahrten in allen Parkteilen,
geführte Tageswanderungen und **mehrtägige Wilderness Trails,**
Mountainbike-Touren nahe dem Olifants Camp,
4x4-Offroad-Trails,
Golf spielen auf einem 9-Loch-Platz in Skukuza,
Kanufahrt auf dem Rio Elefantes im Limpopo-Park.

Information

South African National Parks, Tel. 0027-12-4289111, www.sanparks.org
Great-Limpopo-Transfrontier-Park, www.greatlimpopopark.com, www.dolimpopo.com
Sabi Sand Reserve, www.sabisand.co.za

nannten Sandveld. Der Wald macht die Tierbeobachtung zum Teil schwierig, dafür sind im selten besuchten Norden die Straßen leer und es stellt sich ein echtes Wildnisgefühl ein. Sandsteinkuppen, Baobabs, Mahagonibäume und majestätische Fieberakazien um Pafuri machen diese Region zu einer der landschaftlich attraktivsten im Park. Elefanten, Büffel und Nyalas tummeln sich im Uferwald entlang des Luvhuvhu River, hier kann man mit viel Glück auch Afrikanische Wildhunde beobachten.

Tipps für die Reise

Game drive im Ulusaba Private Game Reserve von Sir Richard Branson
im Herzen des Sabi-Sand-Reservats.

Safari njema!
Gute Reise in Afrika

Auf der Pirsch

Wer träumt nicht von einer Pirschfahrt durch weite Savannenlandschaft mit ausladenden Akazien, in deren Schatten sich die Löwen räkeln und hinter deren Silhouette die Sonne glühend rot am Horizont untergeht? Zu einer Safari – was auf Suaheli nicht mehr als »Reise« bedeutet – gehören unvergessliche Tiererlebnisse ebenso wie romantische Sonnenuntergänge und ein Hauch von Abenteuer. Gleichzeitig wünscht man sich nach der Pirschfahrt einen entspannenden Drink, ein gutes Dinner und eine komfortable Unterkunft mit Lokalkolorit. All das haben die in diesem Buch vorgestellten Safari-Destinationen im östlichen und südlichen Afrika zwischen Kenia und dem Kap zu bieten.

Die Zeiten, als die feine englische Gesellschaft Anfang des 20. Jahrhunderts zur Großwildjagd auf Safari ging, sind glücklicherweise vorbei. Heute werden Safari-Gäste im offenen Landrover – bei den sogenannten *Game Drives* – von einem erfahrenen und gut ausgebildeten Ranger durch die Schutzgebiete gefahren. Der einheimische Tracker auf einem

Sitz auf der Motorhaube entdeckt und identifiziert alle Wildtierspuren. Ein geladenes Gewehr gehört zwar immer noch zur Ausrüstung eines jeden Rangers, wird aber nur im Notfall eingesetzt.

Das Safari-Spektrum beschränkt sich nicht nur auf *game drives*: Auf dem Aktivitätsprogramm stehen u.a. Walking und Balloon Safaris, Kanutrips, Ausfahrten mit dem Motorboot und Safaris auf dem Rücken von Pferden oder Elefanten. Die vielfältigen Aktivitäten können entweder über die Lodge, bei lokalen Veranstaltern oder direkt bei der Nationalparkverwaltung gebucht werden.

Um unangenehme Überraschungen zu vermeiden, bucht man eine Safari-Reise am besten bei einem auf Afrika spezialisierten Veranstalter in Europa. Die Reiseprofis gestalten maßgeschneiderte Safaris nach den persönlichen Wünschen und klären alle offenen Fragen im Vorfeld. In den touristischen Zentren Ost- und Südafrikas können Touren und Lodge-Übernachtungen zwar auch vor Ort gebucht werden, speziell in Kenia und Tansania ist aber Vorsicht vor den zahlreichen Schleppern und Neppern geboten.

Auch Luxuslodge-Ketten wie etwa andbeyond africa (ehemals CC Africa, www.andbeyond.com) bieten individuell zusammengestellte Safari-Reisen mit Unterkunft, Transfers und allen erdenklichen Aktivitäten. Die fast 50 exklusiven Lodges in Nationalparks und privaten Schutzgebieten in Südafrika, Namibia, Botswana, Kenia und Tansania, zu denen die meisten Gäste direkt per Kleinflugzeug anreisen (Fly-in-Safari), lassen keine Wünsche offen.

1 *Boma* und ... **2** ... Tree Top Lunch im Goronga Safari Camp im Mahalali-Reservat im südafrikanischen Limpopa. **3** Schlechte Piste im Kaokoveld (Namibia) am Kunene River.

Safari-Alltag in einer Lodge

Die luxuriösen Lodges vermischen meist afrikanische Elemente mit kolonialem Flair und modernem Komfort. Besonderes Wildnis-Feeling bieten sogenannte *tented camps*: auf Holzdecks gebaute, hohe Canvaszelte mit einer wetterschützenden Dachkonstruktion, einer Terrasse und einem angemauerten Badezimmer. Trotz der Stoffwände bietet das Interieur mit vollständiger Einrichtung und großen Fenstern, durch die man vorbeiziehende Tiere beobachten kann, jeglichen Komfort.

Der typische Tag in einer Luxuslodge beginnt bereits vor Sonnenaufgang mit einem frühen Kaffee oder Tee zusammen mit dem Ranger. Dieser begleitet die Gruppe auf dem *early morning game drive* durch das Schutzgebiet – denn zur frühen Morgenstunde sind die Beobachtungschancen am besten. Zurück in der Lodge wird nach der Pirschfahrt ein kräftiges Frühstück gereicht, bevor der erholsame Teil des Tages beginnt: Relaxen am Pool, in Tier- und Pflanzenbüchern der Lodge schmökern, den Blick auf die Savanne genießen, tropische Vögel beobachten. Nach dem Mittagessen und dem *afternoon tea* gegen 15 Uhr startet der zweite *game drive*. Dann ist das Fotolicht besonders schön, den Sonnenuntergang genießt man mit einem Sundowner in der Hand an einem schönen Aussichtsplatz. Sobald sich die Dunkelheit über den Busch gelegt hat, schaltet der Tracker seinen großen Handschweinwerfer ein und macht sich auf die Suche nach nachtaktiven Tieren. Mit etwas Glück kann man bei einem *night drive* Leoparden, Stachelschweine, Ginsterkatzen, Buschbabys oder Flusspferde beim Grasen beobachten. Der Safari-Tag endet mit einem delikaten Dinner in der Lodge und einem letzten Drink zusammen mit den anderen Gästen am Lagerfeuer oder Kamin.

Tipps für die Safari

Natürlich möchte jeder, der zum ersten Mal nach Afrika reist, möglichst viele Tiere sehen – besonders die *big five*: Elefant, Büffel, Nashorn, Löwe und Leopard. Doch die Sichtung der Wildtiere, besonders der nachtaktiven Raubkatzen, ist keineswegs garantiert! Schließlich handelt es sich bei den Schutzgebieten nicht um einen Zoo, sondern um einen großen, (bis auf Südafrika) nicht umzäunten Naturraum, in dem sich die Tiere frei bewegen und sich in für Touristen unzugängliche Regionen zurückziehen. Deshalb hat Geduld bei einer Safari oberste Priorität. Schenken Sie auch den kleinen Tieren, den Pflanzen, der Landschaft und der vielfältigen Vogelwelt genug Beachtung. Es lohnt sich außerdem, länger an einem Aussichtspunkt oder einem Wasserloch zu verweilen, auch wenn es auf den ersten Blick nicht viel zu sehen gibt – hier passiert immer etwas.

Zur Ausrüstung bei einem *game drive* gehört das Foto-Equipment, ein Fernglas, ein warmer Pullover für die frühen Morgenstunden, ein Hut, Sonnenbrille und -creme und – im offenen Safari-Fahrzeug – am besten lange Ärmel als Sonnenschutz. Grelle Farben bei der Kleidung sollten besonders bei einer *walking safari* vermieden werden – da bewähren sich die typischen Safari-Klamotten.

Bei einer Pirschfahrt gelten folgende (Sicherheits-)Regeln:

– Nicht aus dem Auto beugen, Arme aus dem Fenster hängen oder im offenen Safari-Fahrzeug aufstehen. Außerdem darf das Auto nur an ausgewiesenen Rastplätzen verlassen werden – sonst nie!
– Leise verhalten und nicht versuchen, die Tiere mit Hupen, Pfeifen oder Schreien zu einer Reaktion zu provozieren.

- Tiere nie füttern – sie werden sonst aggressiv und von der Park-verwaltung erschossen.
- In den Parks herrscht Telefonierverbot mit dem Handy – außer in den Camps oder in Notfällen.
- Bei längeren Tierbeobachtungen Motor ausstellen – außer es sind evtl. angriffslustige Elefantenbullen in der Nähe.
- Tempolimit beachten (auf ungeteerten Straßen in den meisten Parks 40 km/h).
- Nie die Straßen und Pisten im Park verlassen. Nur in privaten Schutzgebieten ist es den Rangern erlaubt, Tieren mit dem 4x4 in den Busch zu folgen.
- Die Gate- und Camp-Öffnungszeiten müssen streng eingehalten werden.
- Fahrrad- oder Motorradtouristen haben in Schutzgebiete mit Raubtieren keinen Zutritt – nur mit geschlossenem Fahrzeug.

Gesundheitsvorsorge

Die Gesundheitsvorsorge für eine Afrika-Reise sollte wegen evtl. notwendiger Impfungen schon mehrere Wochen vor der Abreise in Angriff genommen werden. Lassen Sie sich von einem niedergelassenen Tropenmediziner oder einem Tropeninstitut über etwaige Vorsorgemaßnahmen und Infektionsrisiken in den bereisten Ländern beraten. Generell sollten alle Standardimpfungen aufgefrischt werden: Tetanus, Diphterie, Polio, Hepatitis A/B. Je nach Destination sowie Art und Dauer der Reise können auch Impfungen gegen Typhus und Tollwut empfehlenswert sein. Einige ostafrikanische Länder (z.B. Tansania) verlangen bei der Einreise aus Infektionsgebieten den Nachweis einer Gelbfieberimpfung, die für Afrika-Reisen ohnehin nicht schadet.

Der klassische Reisedurchfall wird durch verunreinigtes Trinkwasser oder Nahrungsmittel übertragen. Bei einem mehrwöchigen Afrika-Aufenthalt lassen sich ein harmloser Durchfall oder eine kleine Magenverstimmung fast nicht vermeiden. Um schwerwiegende Darminfektionen zu vermeiden, sollte man (unter Umständen fäkaliengedüngte) Blattsalate, ungekochtes Gemüse, rohe Meeresfrüchte, Mayonnaise, Eiswürfel und Speiseeis grundsätzlich meiden. Leitungswasser sollte keinesfalls getrunken werden.

In ganz Ostafrika sowie in einigen Teilen des südlichen Afrika (Malawi, Mosambik, Sambia, nördliche Regionen in Südafrika) herrscht ganzjährig und besonders zu den Regenzeiten ein erhebliches Malariarisiko. Regionen oberhalb von etwa 2000 Metern (z.B. Kilimandscharo, Mount Kenya) sind malariafrei. Die beste Vorsorge gegen einen Stich der Anopheles-Mücke sind lange Kleidung nach Einbruch der Dunkelheit, Anwendung von Mückenschutzmitteln an unbedeckten Körperteilen und ein Moskitonetz über dem Bett. Trotz kontroverser Diskussionen über die Nebenwirkungen einer Chemoprophylaxe sollten bei einem Aufenthalt in einem Hochrisikogebiet, besonders bei einer längeren Reise, unbedingt verschreibungspflichtige Anti-Malaria-Medikamente eingenommen werden. Denn eine Erkrankung an Malaria tropica kann lebensbedrohlich verlaufen. Auch die Schlafkrankheit sowie Gelbfieber werden von Stechmücken übertragen. In einigen Gebieten sind die großen, tagaktiven Tsetsefliegen – Überträger der Schlafkrankheit – zur feuchten Jahreszeit sehr aggressiv und attackieren dunkle bewegte Objekte (Kleidung, Auto), z.B. im Selous-Reservat in Tansania oder im South-Luangwa- und Lower-Zambezi-Nationalpark in Sambia. Der Biss der Tsetsefliege hinterlässt einen roten Blutfleck und eine schmerzhafte Schwellung.

Eine in Europa kaum bekannte parasitäre Erkrankung durch Saugwürmer, die Bilharziose oder Schistosomiasis, findet in Afrika leider immer mehr Verbreitung. Die Bilharziose-Eier gelangen über den Urin bzw. Stuhl eines infizierten Menschen ins Süßwasser und entwickeln sich in bestimmten Schnecken zu Larven. Die Larven bohren sich bei Kontakt mit dem Wasser (unbemerkt) durch die Menschenhaut, wandern in die Leber und anschließend in Blase und Darm. Zur Vermeidung einer Infektion sollte jeglicher Hautkontakt mit evtl. infizierten Flüssen, Seen und Tümpeln – dazu gehört leider auch der Malawi-See – gemieden werden.

Obwohl einige gesundheitliche Vorsorgemaßnahmen bedacht werden müssen, gilt: Keine Angst vor Afrika! Das Risiko nach einem zweiwöchigen Safari-Aufenthalt an einer der genannten Krankheiten zu erkranken ist sehr gering – das Afrika-Erlebnis dafür unvergesslich!
Weitere Infos zur Gesundheitsvorsorge:
www.travelmed.de
www.fit-for-travel.de

Selbst fahren in Ostafrika?

Abenteuerlustige Individualisten ziehen vielleicht in Erwägung, die Parks in Kenia, Tansania, Malawi und Sambia auf eigene Faust zu bereisen. Grundsätzlich ist dies mit einem gut ausgerüsteten Geländefahrzeug möglich, jedoch empfiehlt sich eine gewisse Offroad- und Afrika-Erfahrung, um bei einer Panne auf abgelegenen Pisten nicht hilflos dazustehen oder bei den afrikanischen Grenzformalitäten zu verzweifeln. Zu bedenken ist, dass die meisten Parks in den genannten Ländern nur über miserable und unmarkierte, zur Regenzeit häufig überschwemmte Pisten erreichbar sind. Am Parkeingang muss zwar der Eintrittspreis für Fahrzeug und Passagiere entrichtet werden, dafür erhält man aber meist nicht einmal einen Übersichtsplan oder irgendwelche anderen touristisch relevanten Informationen ... Der Individualreisende ist also bezüglich Orientierung, Versorgung und Unterkunftssuche ganz

auf sich selbst gestellt. Wegen der vielen Unwägbarkeiten und der schlechten Straßenverhältnisse sollte man bei einer individuellen Tour in Ostafrika mindestens drei Wochen Reisezeit einplanen. Da es zudem schwierig ist, seriöse Mietwagenagenturen zu finden, die einen gut gewarteten und ausgestatteten Geländewagen an Touristen vermieten, der Tagespreis sehr teuer ist (ca. 150 US-$/Tag) und meist ein Chauffeur mitgemietet werden muss (ca. 20 US-$/Tag), ist vom Selbstfahren in Ostafrika ohne eigenes 4x4-Fahrzeug eher abzuraten.

Ein nächtlicher Gewittersturm jagt grelle Blitze über die Ebene beim Onguma Safari Camp.

On the road – Zeit für die schönsten Routen zum Selbstfahren

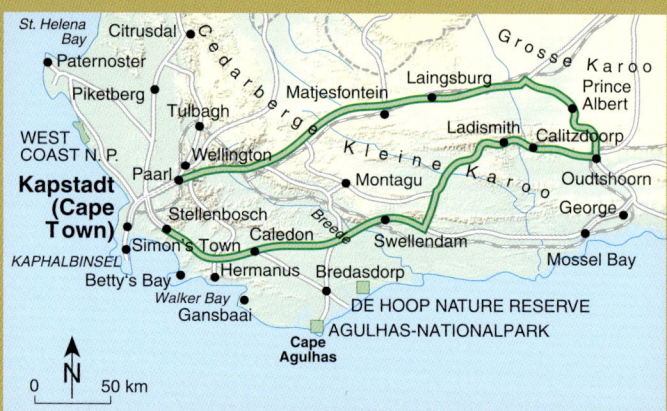

1. Von Kapstadt in die Karoo

Wer auf der N 1 oder mit dem Zug von Kapstadt nach Johannesburg fährt, durchquert Südafrikas weitläufigstes Ökosystem, die Große Karoo. Und bekommt gleich ein Gefühl für Raum und Zeit, in Afrika. Vor dem Aufstieg auf das bis zu 900 Meter hohe Karoo-Plateau zeigt sich die Kap-Landschaft noch einmal von ihrer sanftesten Seite: Nicht weit von den Weinorten Stellenbosch, Franschhoek und Paarl entfernt ist das historische Worcester mit seinen 1820 gegründeten KWV-Kellern der letzte Vorposten der Reben, bevor es über den Hex-River-Pass endgültig hinaufgeht. Im fein restaurierten Matjesfontein (hier hält der Trans Karoo Express auf dem Weg von Kapstadt nach Johannesburg) lässt es sich bei einem Glas Rust en Vrede Shiraz an der Bar des legendären Lord Milner Hotel vortrefflich auf die optische Endlosigkeit der Großen Karoo einstimmen. Vegetation sprießt nur spärlich in diesem steinwüstenähnlichen Gebiet, das im Norden in die Kalahari-Wüste übergeht und fast ein Drittel der Gesamtfläche des Landes ausmacht. Dafür haben Temperaturunterschiede und geringe Niederschläge auf den weiten Hochebenen der Karoo einzigartige Landschaftsbilder zustande gebracht, aus deren Leere kleine Brüder des Tafelbergs herauslugen, die sich Koppies nennen. Vereinzelt zeigen sich Farmhäuser in der Fläche, dort, wo Merinoschafe und Angoraziegen das Allerletzte vom kargen Boden abknabbern. Hin und wieder erheben sich sogar Felsauftürmungen, manchmal so dramatisch wie im Valley of Desolation. Die beeindruckendsten Momente finden allerdings nachts statt, wenn es eiskalt wird in der Großen Karoo. Und der Sternenhimmel so klar wie am Südpol ist. Aus dem Grund operiert hier das South African Astronomical Observatory, in dem sich euphorische Sternengucker aus aller Welt versammeln. Wenn doch einmal Regen auf das heiß gebackene Land fällt, findet ein Wunder statt, und die ausgedörrte Erdkrume explodiert: Jede Trockenheit überdauernde Samen der Sukkulenten-Flora beginnen blitzschnell zu keimen, und ein bunter Blütenteppich überzieht mit seiner Unwirklichkeit für ein paar Tage das Land. Den kurzzeitigen Überfluss der luxuriösen Wüsten-Flora wissen nicht nur Bergzebras, Kudus, Elandantilopen und Spring- und Gemsböcke zu schätzen,

sondern auch der selten gewordene Schwarze Adler *(aquila verreauxii)*. Wer nicht die gesamte Strecke bis nach Beaufort West fahren mag, um im dortigen Karoo-Nationalpark das konzentrierte Karoo-Szenario zu erleben, biegt 200 Kilometer vorher auf der R 368 nach Prince Albert ab. Der malerische Bergort erscheint in der rauen Karoo-Umgebung mit seiner viktorianischen und kaphölländischen Architektur wie aus dem Reich der Träume. Die nach dem Prinzgemahl von Königin Victoria benannte Idylle liegt auf 650 Meter eingebettet, zwischen Gipfeln bizarrer Berglandschaften, die bis zu 2000 Meter hinaufwachsen. In diesem zurückgezogenen Naturparadies gedeihen Obst und Oliven, und Merinoschafe. Besonders im Frühjahr, wenn die Obstbäume blühen und die Landschaft mit Millionen von Wildblumen übersät ist, sowie im Herbst, wenn Prinz Albert sein alljährliches Olivenfest feiert, reisen Wanderer und Naturfreunde an. Reizvoll ist die Strecke über den 1438 Meter hohen Swartberg-Pass bis nach Oudtshoorn, dem Zentrum der Straußenzucht. In der hitzeflirrenden Steppe zwischen den Grootswartbergen, den Kleinswartbergen und den Langeberg Mountains fühlt er sich wohl, der *struthio camelus*. Jener sonderbare Vogel, der bis zu 80 Stundenkilometer schnell laufen, aber nicht fliegen kann. Nur zehn Prozent aller Strauße genießen in Südafrika das Privileg der Wildnis. Die Mehrheit der rund 600 000 Riesenvögel lebt in Aufzucht und schafft Fleischnachschub in die Schlachthöfe. Der ungewöhnliche Wirtschaftszweig schreibt hier, in Oudtshoorn, seit 1838 Geschichte. Zu Beginn des 19. und 20. Jahrhunderts waren vor allem Straußenfeder-Boas (neben anderen Schmuckzutaten für Kleider und Hüte) sehr gefragt. Die herrlichen Federn wurden weltweit zu begehrten Mode-Accessoires, sodass Südafrika damals pro Jahr eine halbe Million Kilogramm davon exportierte. Die »Straußenbarone« erlangten durch ihre Zuchtfarmen großen Wohlstand, was sich in der »Hauptstadt der Strauße« heute noch bestaunen lässt. Aus vergangenen Zeiten stehen dort die prachtvollen »Feder-Paläste« der Reichen in prunkvoller Architektur. Nur 70 Kilometer sind es von Oudtshoorn bis an die Küste, nach Mossel Bay oder George. Die beiden Städtchen gelten als Ausgangspunkte zu den Nationalparks der Garden Route (Tsitsikamma, Wilderness und Knysnas National Lake Area). Wer den Rückweg nach Kapstadt auf der Route 62 via Swellendam wählt, befindet sich auf einer der schönsten Reiserouten der Kapregion. Sie führt über Calitzdorp, der Hochburg südafrikanischer Portweinproduktion, und die ehemaligen Missionsstationen Zoar und Amalienstein bis nach Ladismith, einer Ortschaft am Fuße des Towerkop. Während sich die kurvenreiche Strecke durch beeindruckende Felsmassive windet, eröffnen sich herrliche Ausblicke auf die fruchtbaren Täler der Kleinen Karoo, deren Gipfel im Winter schneebedeckt sind. Swellendam, pittoresk vor den Langeberg Mountains gele-

1 Viel Fahrspaß auf der N 12 durch felsige Schluchten im Swartberg Nature Reserve. **2** Jede Menge Badespaß an einem der zahllosen Strände entlang Südafrikas Garden Route.

gen, ist Südafrikas drittälteste Siedlung. Das städtebauliche Schmuck-stück wurde 1743 gegründet und begeistert seine Besucher mit typisch kapholländischen Häusern. Sowie seiner Drostdy, einem weitläufigen Museumskomplex. Der ehemalige Verwaltungssitz der Kap-Regierung in der Swellengrabel Street spiegelt mit seiner üppigen Ausstattung den überschwänglichen Lebensstil des 18. und 19. Jahrhunderts. Von hier aus würde sich ein Abstecher lohnen: Nur rund 80 Kilometer sind es von hier bis Cape Agulhas, dem südlichsten Punkt des afrikanischen Kontinents.

2. Zwischen Port Elizabeth und Durban (1000 Kilometer)

Wer am Ende der Garden Route die quirligen Hafen- und Industriestädte Port Elizabeth (Volkswagen, Ford) und East London (Daimler-Benz) hinter sich lässt, trifft auf Ortsgründungen deutscher Siedler wie Braunschweig und Potsdam. Und dann auf die Wild Coast, die wilde Küste der Xhosa. Vorgelagerte Riffe, brachiale Brandungen sowie starke Strömungen und Untiefen haben dort vielen Schiffen das Ende gebracht. Wild ist sie auch deshalb, weil ihre abgelegenen Buchten und Strände nicht so einfach en passant erfahrbar sind, die Hauptverbindungsstraße, die N 2, führt in einem großen Inlandsbogen daran vorbei. Und: Dürftige Stichstraßen zum Meer sind meist nur holprige Pisten, die nach Regenfällen schnell zu Schlammfallen werden. Und dann nur noch mit viel Glück zu Stränden führen, die, zwischen verschwiegenen Buchten, wahrhaftige Traumstrände sind. In letzter Zeit hat sich die Wild Coast als Geheimtipp bei Surfern, Hochseefischern, Wanderern und Tauchern herumgesprochen. Als touristischer Bezugspunkt dient ein Örtchen, das sich werbewirksam Coffee Bay nennt, mit einfachen Pensionen am Strand. 1893 spülte hier die Brandung nach einem Schiffbruch Säcke voller Kaffeebohnen an Land, die alsbald zu keimen begannen. Kaffeesträucher wuchsen heran, so erzählt es die Legende. Die sind zwar nirgends in Sicht, aber das interessiert in Coffee Bay niemanden. Hauptsache, die exotische Namensgebung kommt an. Bei all den traumhaften Küsten der Wild Coast hat auch das Hinterland an Farbkolorit einiges zu bieten. Heute gehört die ärmliche Transkei zur Eastern Cape Province. Vor der politischen Wende war es das Homeland der Xhosa, der »Menschen mit

2

den roten Decken«. Ihre 1879 gegründete Hauptstadt Umtata gibt sich als betriebsame Landmetropole, an deren Universität Tausende Studenten studieren. Eine Reise durch Landschaften aus grünen Hügeln, steilen Tälern und wasserreichen Flüssen gehört zu einem der afrikanischten Erlebnisse des Landes. Die Xhosa, noch tief in ihren traditionellen Bindungen verwurzelt, finden nach wie vor im Kraal ihre soziale und ökonomische Einheit. Ihre grasgedeckten Rundhütten zeichnen ein archaisches Bild, vor allem, wenn Xhosa-Frauen Pfeife rauchend vor den Lehmbehausungen auftauchen, um ihren auf dem Boden hockenden, palavernden Männern den fälligen Hirsebier-Nachschub zu bringen. Langsam und würdevoll schreiten sie daher, mit einer sehr eigenen Ausdrucksstärke in ihren dunklen Gesichtern. Ein Lachen, wenn es denn kommt, kann aus dem Tiefsinn den Himmel herbeizaubern. Noch rund 440 Kilometer sind es von Umtata auf der N2 bis nach Durban, der Metropole am Indischen Ozean. Auf dem Weg Strände wie die Hibiscus Coast, deren Namen für sich spricht, und bis Durban geht es so weiter, mit Strandleben am Indischen Ozean. Die zweitälteste unter den vier großen Städten Südafrikas schmückt sich gerne mit ihrem prominentesten Sohn, Mahatma Gandhi, der von 1893 bis 1914 in der Hafenstadt lebte. Und, wie Nelson Mandela, als Symbolfigur für gewaltlosen Widerstand in die Geschichtsbücher einging. Weitläufige Zuckerrohrplantagen sowie Arbeitskräfte, die in großer Zahl aus Indien herangeschafft wurden, begründeten Mitte des 19. Jahrhunderts Durbans Reichtum. Noch heute erinnern daran eine Handvoll prachtvoller, sorgsam erhaltener viktorianischer Kolonialbauten. Darunter das Gerichtsgebäude (1863, heute das Local History Museum), das Rathaus (1885, jetzt Hauptpost), der Hauptbahnhof (1894, heute das Durban Exhibition Centre), das Alte Fort (1842), indem einst britische Soldaten ihren burischen Angreifern trotzten. Nicht zu vergessen Durbans City Hall, die 1910 als monumentaler Nachbau des Rathauses von Belfast in die florierende Stadtmitte gesetzt wurde.

3. Von Johannesburg über Blyde River Canyon zum Krüger-Park

Wer auf Landschaft fliegt, kommt auf der Panorama Route der Provinz Mpumalanga auf seine Kosten. Vom Städtchen Sabie, wo der Sabie River entspringt, der im Krüger-Park Hunderttausenden Wildtieren als Tränke

dient, geht es durch dichte Kiefer- und Blue-Gum-Wälder bis zum 2115 Meter hohen Mauchsberg. Am Steilabfall der Transvaaler Drakensberge windet sich kurvenreich eine Strecke durch eine überschwängliche Natur entlang, deren Stationsnamen für sich sprechen: Die Mac Mac Falls schicken rauschende Wasserkaskaden 70 Meter in die Tiefe, und werden beim lautstarken Spektakel von den Lisbon und Berlin Falls unterstützt. Insgesamt gehören acht Fälle unüberhörbar zur Wasserfall-Route. Zwischendrin eröffnet God's Window grandiose Ausblicke vom Rand des 1900 Meter hohen Plateaus in endlose Weiten tief unten. In den Strudeln des Blyde River, der kilometerweit durch die sandsteinroten Schluchten des Blyde River Canyons rauscht und dabei 1000 Meter abfällt, mag zu Goldgräberzeiten mancher Desperado sein Glück in Form von blitzenden Nuggets gemacht haben. Aber nur wenig ist von den alten Geschichten überliefert. Jenseits des malerischen Orts Gras-

1 Blick aus dem Room with a View Hotel auf Johannesburg. **2** Nacht-Safari im Reservat Sabi Sand. **3** Die beiden prächtigen Oryx leben auf Tswalu. **4** Die imposante Bergkette der Zwölf Apostel hinter Kapstadts Camps Bay im Fotolicht.

kop liegt Pilgrim's Rest, die älteste Goldgräbersiedlung Südafrikas. Das Blyde River Canyon Nature Reserve bietet fünftägige Wanderungen an, mit Übernachtungen in rustikalen Hütten. Am nächtlichen Lagerfeuer werden die abenteuerlichen Zeiten der Goldrausch-Pioniere wieder lebendig. Wer es bis hierhin geschafft hat, steht schon vor den Toren des Krüger-Parks, der am Ende unserer afrikanischen Zeitreise eine besondere Plattform erhalten soll. Dass es ihn überhaupt gibt, ist seinem Erfinder Paul Kruger zu verdanken, der als Präsident der »Suid-Afrikaanse Republiek« 1884 vom Volksraad verlangte, für die immer weniger werdenden Wildtiere Schutzzonen zu schaffen. 14 Jahre später entstand zwischen dem Crocodile River und dem Sabie River auf 4600 Quadratkilometern ein Anfang. Im Krieg zwischen Engländern und Krugers Buren ging der aber beinahe wieder unter. Als »Ohm« Kruger nach dem Sieg der Briten abtreten musste, übernahm der britische Offizier Major James Stevenson-Hamilton das Kommando über den Tierpark. Gegen marodierende Soldaten, wildernde Schwarze wie Weiße, gierige Bergwerksgesellschaften und landhungrige Großfarmer setzte sich Hamilton erfolgreich durch und stellte die Weichen frühzeitig für das, was heute als eines der großen Tierparadiese der Welt gilt. 1926 erhielt das bis dahin als Sabie Game Reserve geführte Tierschutzreservat seinen Nationalparkstatus und wurde zum Krüger-Nationalpark umbenannt. Mit einer Längsausdehnung von 320 Kilometern ist der Krüger-Park ein Großunternehmen, mit unvorstellbaren Tiermengen.

Konkrete Zahlenbeispiele helfen der Fantasie: 114 Arten Reptilien und 147 Säugetier-arten bringen jeweils 3000 Flusspferde und Krokodile, 30 000 Zebras, 15 000 Büffel, 90 000 Impala-Antilopen, 5000 Giraffen, 900 Leoparden und 300 Geparden in die Statistik. Vögel zählt niemand. Sie kommen auf 500 Arten, darunter auch die skurrilen Ausputzer, die Geier: Gaukler, Ohren- und Wollkopfgeier, Weißrücken- und Kappengeier sorgen dafür, dass vom Abgenagten der Raubtiere nichts ungenutzt bleibt. Kleinere Reptilien sind kaum weniger erschreckend als die riesigen Crocs: 40 Schlangenarten sind vertreten, unter ihnen sehr giftige wie Kobras, Mambas und Vipern. Manche haben sich aufs Spucken spezialisiert und bringen ihr Gift, das schnell auf Nerven, Herz und Gewebe wirkt, zielsicher an. Die meisten der sehr scheuen Tiere flüchten allerdings, bevor es zu einer Konfrontation mit dem Menschen kommt. Mit Ausnahme der Puffotter, die ihre warnenden Geräusche von sich gibt, weshalb sie so heißt.

Maximal 5000 Tagesbesucher dürfen im Krüger-Park mit dem eigenen Pkw auf die Pirsch gehen. Vom Camping bis zur Vollversorgung bieten Krügers Restcamps ausreichend Komfort, die größeren Elektrizität, Krankenstation, Supermarkt, Waschsalon, Restaurant, Bistro, Telefon und Tankstelle. Je nach Geldbeutel lassen sich traditionelle Rundhütten mieten oder klimatisierte Ferienhäuser, die für sechs Personen ausgelegt sind. Nicht mal in der Kategorie »Safari Tents« fehlt der Luxus: die Zelt-Camps bieten bis zu vier Schlafplätze, Garderobe, Tisch und Stühle, Kühlschrank sowie einen Ventilator, der vor allem für die passende *Out-of-Africa*-Atmosphäre zuständig ist.

3

4. Von der Kalahari zur West Coast und bis nach Kapstadt

Etwa 300 Kilometer sind es vom Kalahari-Nationalpark bis nach Upington. Weitgehend menschenleere Naturräume durchzieht die knapp 900 Kilometer lange Strecke von Upington via Augrabies-Nationalpark und Springbok bis nach Kapstadt. Die halbwüstenartigen Landschaften sind karg, im Sommer hitzeflimmernd, aber für Individualisten magnetisch. Beispielsweise gilt das Richtersveld, der geografische Fortsatz des namibischen Fish River Canyons, als eine der spektakulärsten Gebirgswüs-

ten des südlichen Afrika. In den großflächigen Schutzgebieten des gleichnamigen Nationalparks zwischen Oranje-Fluss und der Grenze Namibias lassen sich die Schönheiten einer entrückten Natur sowie seltene Tierarten in totaler Einsamkeit genießen. Aber Achtung: Wegen begrenzten Einlasses sind die Rest Camps bei der Parkverwaltung im Voraus zu buchen, hin gelangt man ausschließlich im Geländewagen, und während der Sommermonate übersteigen die Temperaturen nicht selten 50 Grad. Große Bereiche der abgelegenen Atlantik-Region an der Westküste sind als Mining Territory für die Öffentlichkeit gesperrt. Schon seit anderthalb Jahrhunderten wird die Mündung des Oranje zwischen dem namibischen Oranjemund und Alexander Bay vom De-Beers-Konzern kontrolliert, schließlich liegen in dieser Terra incognita die Diamanten einfach so auf dem Meeresgrund herum. Von Steinkopf aus lässt es sich über das Küstenstädtchen Port Nolloth bis nach Alexander Bay fahren. Nur: Von der Asphaltstraße irgendwo abzubiegen ist nicht erlaubt. Badefreuden kommen trotz Traumküste sowieso nicht leicht auf, denn ähnlich wie an den namibischen Stränden ist aufgrund des antarktischen Benguela-Stromes das Wasser kalt und die Küstenlandschaft wegen der großen Temperaturunterschiede zwischen Wasser und Luft häufig vernebelt. Im Namaqualand, einer der dünn besiedeltsten Regionen Südafrikas, lässt sich das Fahrabenteuer durch endlose Weiten verwirklichen, ohne dass es größeren Vorbereitungsaufwand oder einen Vierradantrieb braucht. Springbok, die Hauptstadt und das Tor zum Namaqua-Nationalpark, entstand Mitte des 19. Jahrhunderts am Rand einer riesigen Kupfermine und ist das Zentrum der nördlichen Wildblumengebiete. Wie in der Karoo erwacht hier einmal im Jahr die graubraune Eintönigkeit mit dem ersten Winterregen. Dann schießt ein bunter Blumenteppich explosionsartig aus dem vertrockneten Erdboden auf. Die Rückfahrt nach Kapstadt muss über Citrusdal führen, weil sich dort Naturgegensätze zum vorher Erlebten nicht intensiver darstellen könnten: Sprudelnde Wasserfälle, klare Bergflüsse, vegetationssatte Berghänge und glasklare Luft begeistern Wander- und Weinfreunde. Weitläufige Südfruchtplantagen produzieren hier ein Drittel aller Kap-Orangen, und die Rebgärten entlang der Olifants-Weinroute ausgezeichnete Rebsaftprodukte. Herrliche Wanderwege durchziehen prächtige Zedernwälder, deren Höhepunkt der 2028 Meter hohe Sneeuberg ist. In der spektakulär schönen Cedarberg Wilderness Area, der ihre prachtvollen Clanwilliam-Zedern den Namen gaben, sind Leoparden, Pavian, Fuchs, Wildkatze und Stachelschwein zu Hause. Wer bei Clanwilliam auf der R 364 nach Lambert's Bay abzweigt, wechselt schnell in eine andere Welt. Auf der Küstenroute nach Kapstadt liegen idyllische Orte wie Paternoster und Yzerfontain am Atlantischen Ozean. Und mit dem West-Coast-Nationalpark eines der schönsten Küstenschutzgebiete Südafrikas.

4

Register

Impressum

Die Autorin:

Die Diplom-Geografin Astrid Därr, ist seit ihrem ersten Lebensjahr in aller Welt unterwegs, doch ihre Liebe gilt den wilden Landschaften und Tieren Afrikas. Die Abenteurerin bereiste mehr als 30 Länder des schwarzen Kontinents auf eigene Faust – mit dem Geländewagen, per Rucksack oder auf Trekkingtouren. Sie ist Autorin mehrerer Reisebücher über Afrika in verschiedenen Verlagen. Mehr unter www.daerr.net

Der Autor:

Roland F. Karl produziert seit 35 Jahren als freier Autor und Fotograf Reisereportagen für Printmedien, u. a. auch für »Die Zeit«, »Stern«, »FAZ« sowie das »Handelsblatt«. Darüber hinaus ist er mit seinen Texten und Bildern an zahlreichen Buchpublikationen beteiligt. Südafrika bereiste er mehrfach, wobei ihn die »Regenbogen-Nation« nicht nur durch ihre außerordentlich beeindruckenden Landschaften und das buntschillerndste Dschungelbuch Afrikas fasziniert, sondern vor allem durch seine Menschen.

Der Fotograf:

Christian Heeb ist einer der erfolgreichsten Reisefotografen weltweit. Seine Fotos und Bildreportagen erscheinen in Magazinen wie »Abenteuer & Reisen«, »Animan« und »Grands Reportages«. Er ist Bildautor von über 100 Büchern und unzähligen Kalendern. Christian Heeb lebt auf einer Ranch in Bend, Oregon (USA). Er wird in Deutschland durch die Agentur laif in Köln vertreten. Seine Bilder werden international publiziert und ausgestellt.

Mehr Infos unter:
www.heebphoto.com

Danksagung der Autorin:

Für die Unterstützung vor Ort dankt die Autorin &Beyond Africa (www.andbeyond.com), Selous Safari Company (Tansania), Breezes Beach Club (Sansibar), Twelve Apostels Hotel (Südafrika), Royal Zambezi Lodge und Chiawa Camp (Sambia) sowie Rina und Johan du Preez (Johannesburg). Ohne die geduldige Reisebegleitung von Martin Völker-Draxinger, der uns über üble Pisten bis in die entlegensten Winkel Afrikas chauffierte, wäre dieses Buch nicht möglich gewesen – Danke!

Einbandfotos:

Vorderseite: Himba-Frau, Marataba Safari Camp, Etosha-Nationalpark (kleine Bilder v. l. n. r.), Okahirongo Elephant Lodge, Kaokoland (großes Bild)
Rückseite: Malawi See, Royal Livingstone Hotel, Gorah Elephant Camp (v. l. n. r.)

Bildnachweis:

Alle Bilder stammen vom Fotografen, außer:
236 Hurumzi: Seite 62, 63 (o.l. und r.); &Beyond: Seite 14 (o.l.), 14 (o.r.), 18 (o.l. und u.l.), 48 (u.), 48/49, 50/51, 56, 57, 107 (2); Oliver Bolch: Seite 12/13, 14/15, 16 (l.), 17 (o.r.), 18/19, 26 (o.l. und o.r.), 28 (3), 28/29, 30 (u.l.), 30/31, 32 (o.l. und o.r.), 32/33, 34/35, 36 (o.l.), 37 (u.r.), 38 (o.l.), 39 (u.l.), 46 (o.r.), 46/47, 52 (2), 54 (u.), 55 (u.), 58 (o.l. und o.r.), 58/59, 60/61, 61 (2), 183; Breezes Beach Club & Spa: Seite 63 (u.l.); Chiawa Camp: Seite 92 (o.l. und o.M.), 92/93, 94/95, 95 (2); Buffalo Ridge Lodge: Seite 150 (u.), 150/151, 151; Bushmans Kloof: Seite 162 (2); Astrid Därr: Seite 16/17, 18 (u.r.), 20 (o.l. und o.M.), 20/21, 22 (3), 22/23, 23 (u.r.), 24 (l.), 26 (M.), 29 (u.l.), 30 (o.l.), 31, 32 (o.M.), 34 (3), 36 (u.l.), 38 (u.l.), 38/39, 42 (o.l.), 46 (o.l. und o.M.), 48 (o.), 50 (o.l., o.M. und o.r.), 52/53, 53 (2), 54 (o.), 54/55, 55 (o.), 94 (u.), 154 (o.), 156/157, 158/159, 171 (o.r. und u.r.), 178 (o. und u.), 177/178; Holger Erbst: Seite 58 (o.M.), 60 (u.); Hartmut Fiebig: Seite 35 (o.r. und u.r.); Gorah Elephant Camp: Seite 170/171, 171 (u.l.); Hatari Lodge: Seite 3 (o.l.), 14 (o.M.), 17 (u.l. und u.r.), 26/27, 35 (u.l.), 36 (u.r.), 36/37, 37 (o.r.), 39 (o.r.), 40 (3), 40/41, 41 (2); Roland F. Karl: Seite 66 (3), 66/67, 68 (3), 68/69, 69, 70 (3), 70/71, 71 (3), 72 (3), 72/73, 78 (3), 78/79, 80 (2), 80/81, 81 (2), 82/83, 104 (3), 104/105, 106/107, 108 (2), 109 (3), 118, 122 (o.l.), 126 (u.), 126/127, 127 (u.), 164 (o.), 165 (2); Mfuwe Lodge: Seite 64/65, 84 (3), 84/85, 86 (2), 86/87, 87 (2), 88 (3), 88/89, 89 (4), 90 (3), 90/91; Naro Moru River Lodge: Seite 20 (o.r.), 22 (o.r.), 24/25, 30 (u.r.); Nykia National Park: Seite 74 (3), 74/75, 76 (3), 76/77, 77; Royal Zambesi Hotel: Seite 92 (o.r.), 96 (2), 96/97; Selous Camp: Seite 42 (o.M. und o.r.), 42/43, 44, 44/45, 45; Stanley Safari Lodge: 101 (u.l.); Tswalu Lodge: Seite 130 (o.M.), 134 (2), 134/135, 135 (2); Woodall Country House: Seite 172 (2), 172/173, 173.

Alle Angaben dieses Bandes wurden von den Autoren sorgfältig recherchiert und vom Verlag auf Stimmigkeit und Aktualität geprüft. Allerdings kann keine Haftung für die Richtigkeit der Informationen übernommen werden.
Für Hinweise und Anregungen sind wir dankbar.
Zuschriften an den:
Bruckmann Verlag,
Produktmanagement,
Postfach 400209,
D-80702 München,
E-Mail: lektorat@bruckmann.de
Produktmanagement:
Susanne Kuhl, Joachim Hellmuth
Textlektorat: Gisela Wunderskirchner
Umschlaggestaltung und graphisches Konzept:
Studio Schübel, München
Layout: Werner Poll, München
Karte: Astrid Fischer-Leitl, München
Herstellung: Bettina Schippel
Repro: Repro Ludwig, Zell am See
Printed and bound in Italy by Printer Trento

Die Deutsche Nationalbibliothek verzeichnet diese Publikation in der Deutschen Nationalbibliografie; detaillierte bibliografische Daten sind im Internet über http://dnb.d-nb.de abrufbar.

© 2010 Bruckmann Verlag GmbH, München
Alle Rechte vorbehalten
ISBN 978-3-7654-4874-4

Unser komplettes Programm:
www.bruckmann.de